"AI+"系列丛书

如何让AI写作更有"人味"

张金贵 著

电子工业出版社
Publishing House of Electronics Industry
北京·BEIJING

未经许可，不得以任何方式复制或抄袭本书之部分或全部内容。
版权所有，侵权必究。

图书在版编目（CIP）数据

如何让 AI 写作更有"人味" / 张金贵著. -- 北京：电子工业出版社, 2025. 8. -- ISBN 978-7-121-50396-2

Ⅰ. H05-39

中国国家版本馆CIP数据核字第2025LX0276号

责任编辑：钱维扬
印　　刷：三河市双峰印刷装订有限公司
装　　订：三河市双峰印刷装订有限公司
出版发行：电子工业出版社
　　　　　北京市海淀区万寿路173信箱　邮编　100036
开　　本：720×1 000　1/16　印张：19.5　字数：374.4千字
版　　次：2025年8月第1版
印　　次：2025年8月第1次印刷
定　　价：68.00元

凡所购买电子工业出版社图书有缺损问题，请向购买书店调换。若书店售缺，请与本社发行部联系，联系及邮购电话：(010) 88254888，88258888。

质量投诉请发邮件至 zlts@phei.com.cn，盗版侵权举报请发邮件至 dbqq@phei.com.cn。

本书咨询联系方式：qianwy@phei.com.cn。

前言
AI 写作时代的新机遇与新挑战

还记得第一次用键盘写作的情景吗？当时的我们可能会感叹："这比用笔写快多了！"随后，电脑文字处理软件的出现又一次革命性地改变了我们的写作方式。如今，我们正站在一个全新的时代门槛前——AI 写作时代。

AI 就像一位永不疲倦的写作助手，正在悄然改变我们的创作方式。它不仅能在几秒钟内生成一篇文章，还能模仿各种写作风格，甚至能够自动调整语气和情感。这听起来是不是既令人兴奋又有点担忧？

确实，AI 写作带来的机遇是显而易见的。想象一下，当你在写作任务中遇到瓶颈时，AI 能够及时提供灵感和建议；当你需要处理大量文案时，AI 能够快速生成初稿供你参考；当你想尝试不同的写作风格时，AI 能够为你提供多样化的表达方式。这就像是给每个创作者配备了一位 24 小时待命的私人助理！

然而，机遇与挑战总是并存的。正如一把锋利的刀既可以用来切菜，也可能伤到自己。AI 写作也面临着一些亟待解决的问题：如何保持内容的原创性？如何注入真实的情感？如何避免千篇一律的机械化表达？这些都是我们必须认真思考和解决的问题。

更重要的是，我们需要重新定位自己的角色。在 AI 写作时代，人类创作者并非被取代，而是要学会与 AI 协同创作。就像指挥家与乐队的关系，我们要学会运用 AI 这个强大工具，但最终的艺术呈现仍需我们来把控。

本书的目的，不仅仅是教你如何使用 AI 写作工具，更重要的是帮助你理解 AI 写作的本质，掌握 AI 写作的精髓，最终将 AI 变成你创作的利器，而不是竞争对手。

在接下来的章节中，我将与大家深入探讨 AI 写作的各方面，从 AI 写作的特点到人性化基础，从情感注入技巧到语言风格优化，从内容结构调整到个性化处理方法，从实战案例分析到未来展望与发展，为你呈现一个全方位、多角度的 AI 写作指南。

我会用通俗易懂的语言，结合生动的案例，深入浅出地讲解 AI 写作的原理和技巧。就像学习骑自行车一样，我会先教你掌握平衡，然后逐步学习加速、转弯、刹车等技巧，最终让你能够自由自在地骑行。

我还会分享一些来自一线内容创作者的经验和心得，让你了解他们是如何利用 AI 写作工具提升创作效率、优化创作流程的。这些经验分享，就像一位位经验丰富的导师，为你指点迷津，助你快速成长。

此外，我还将与大家探讨 AI 写作的伦理问题，以及如何避免 AI 写作的负面影响。我相信，只有在合理使用 AI 的前提下，才能最大限度地发挥 AI 的优势，为人类社会创造更大的价值。

这不仅仅是一本关于 AI 写作的工具书，更是一本关于未来内容创作的指南。它将帮助你适应 AI 时代的新变化，掌握 AI 时代的新技能，最终成为 AI 时代的弄潮儿。

记住，技术永远是服务于人的。AI 写作工具的出现，不是要替代人类的创造力，而是要释放我们的创造力，让我们能够专注于更有价值的创作环节。在这个充满机遇与挑战的新时代，让我们一起探索、学习、成长，开创属于我们的精彩篇章。

张金贵

2025 年 1 月于驿城

目 录

01 破解 AI 写作的基因密码

AI 写作的基本原理 /2
　AI 语言模型的工作机制 /2
　AI 写作的技术基础 /4
　主流 AI 写作工具介绍 /6

AI 写作的优势与局限 /10
　效率与规模化优势 /10
　知识整合能力 /12
　创意与情感表达的局限 /14

AI 写作的"蛛丝马迹" /16
　语言模式特征 /16
　内容结构特征 /18

理解人性化写作 /21

什么是有"人味"的内容 / 21
人类写作的独特性 / 23
情感与共鸣的重要性 / 26

人类写作 VS AI 写作　　/ 29
写作思维的差异　/ 29
表达方式的不同　/ 32
情感深度的对比　/ 35
道德和伦理考量的差异　/ 37

02 情感炼金术：从代码到共情

个人经历植入　/ 44
故事化表达方法　/ 44
经验分享技巧　/ 53
场景还原手法　/ 60

情感语言运用　/ 66
情感词汇的选择　/ 66
语气词的使用　/ 72
情感色彩的调节　/ 77

共鸣点设计　/ 84
读者心理分析　/ 84
情感触发点布局　/ 90
互动性设计　/ 98

03 语言整容术：AI 文本的美学改造

打破固定句式 / 106
句式多样化技巧 / 106
语言节奏调整 / 112
过渡语的运用 / 117

口语化表达 / 124
日常用语的融入 / 124
对话形式的运用 / 129
语气的自然化处理 / 133

修辞手法应用 / 139
比喻与拟人 / 139
夸张与反讽 / 144
押韵与重复 / 148

04 结构魔术：让 AI 叙事有呼吸

叙述方式创新 / 154
多维度叙述技巧 / 154
时空转换方法 / 158
视角切换运用 / 163

悬念与转折 / 167
悬念设置方法 / 167
转折点设计 / 177
情节推进技巧 / 180

互动性增强　／183
- 问题设置　／183
- 读者参与设计　／186
- 反馈机制建立　／188

05　风格养成方案：打造写作人格体

写作风格塑造　／192
- 风格定位方法　／192
- 语言特色打造　／196
- 一致性维护　／200

观点态度表达　／205
- 立场确立技巧　／205
- 观点论证方法　／209
- 批判性思维融入　／212

生活化细节添加　／217
- 细节描写技巧　／217
- 场景还原方法　／221
- 氛围营造手法　／225

06　人工干预手册：AI 文本精修指南

内容编辑技巧　／232
- 结构重组方法　／232
- 逻辑优化技巧　／235

重点突出手法 / 241
人工润色要点 / 247
语言美化技巧 / 247
情感调节的方法 / 253
细节完善策略 / 257

07 跨界实战：人性化写作全场景突破

不同文体的优化 / 264
新闻资讯类 / 264
产品文案类 / 266
故事创作类 / 269
公文写作类 / 273

行业应用案例 / 276
自媒体领域 / 276
商业写作领域 / 279
教育培训领域 / 282
行政办公领域 / 284

优化效果对比 / 287
案例前后对比 / 287
读者反馈分析 / 293
专家点评总结 / 296

后记：AI 时代的内容创作者 / 298

破解 AI 写作的基因密码

01

AI 写作的基本原理

AI 语言模型的工作机制

还记得小时候玩的"接龙"游戏吗?当一个人说出"春天",下一个人会接"来了",再下一个可能会说"百花开"。AI 语言模型的工作原理,说白了,就是一个超级高级版的"文字接龙"游戏。

想象一下,你有一个博学多才的朋友,他读过世界上几乎所有的书,记住了所有可能的语言组合方式。当你说出一句话的开头,他能立即想到最合适的接续。AI 语言模型就像这样一位"学霸朋友",只不过它的"大脑"里装的是海量的数字化信息。

那么,它具体是怎么工作的呢?让我们通过一个简单的例子来理解:

假设你对 AI 说:"今天天气真是……"

AI 会立即分析这句话的上下文,从它学习过的海量数据中找出最可能的后续词:

- "好"(概率 85%);
- "糟糕"(概率 10%);
- "奇怪"(概率 5%)。

这就是所谓的"预测下一个词"的机制。AI 会根据概率选择最合适的词,然后继续预测下一个词，就这样一个接一个，直到形成完整的句子。

但 AI 语言模型可不是简单地把词语拼接在一起。它更像是一位经验丰富的编织大师，懂得在编织文字的时候：

-理解上下文：就像我们说话要"前后呼应"一样，AI 会考虑前面说过的内容，确保后面的内容保持连贯。

-掌握语法规则：就像我们写作要注意主谓宾的位置一样，AI 也会遵循语言的基本规则。

-领会语义关系：比如"苹果"这个词，AI 能根据上下文判断说的是水果还是手机品牌。

-风格适配：就像我们跟长辈说话会更客气，跟朋友聊天会更随意，AI 也能根据需求调整表达方式。

有趣的是，现代 AI 语言模型使用了一种叫"Transformer"的技术架构，这就像是给 AI 装上了一副"望远镜"，能够同时关注句子中的多个位置，理解词语之间的关联。这就是为什么它能写出连贯、有逻辑的长文章。

不过，我们也要明白，AI 写作并不是真正的"理解"和"思考"。它更像是一个超级强大的"模仿者"，通过学习人类的语言使用模式，来生成类似的内容。就像一个外语很好的人，能说一口流利的外语，但不一定真正理解那个国家的文化内涵。

当然，AI 语言模型还在不断进化。从最早的简单词语预测，到现在能够创作诗歌、写作小说，它的能力正在突飞猛进地发展。但无论技术如何进步，AI 始终是我们的助手，而不是替代者。它的存在是为了帮助我们更好地表达，而不是取代人类的创造力。

"就像星星再亮也不能取代月亮，AI 写作再强大也无法替代人类的创造力，它更像是为我们点亮思维的明灯，照亮创作的道路。"

AI 写作的技术基础

想象一下，如果把 AI 比作一位天才厨师，那么它的"厨艺"究竟是如何炼成的呢？今天，让我们一起揭开 AI 写作的技术面纱，看看 AI 这位"数字大厨"是如何将文字烹饪成美味佳肴的。

首先，让我们聊聊 AI 写作的"三大法宝"：

1. 深度学习：AI 写作的"火候掌控"

就像一位厨师需要经过无数次练习才能掌握火候一样，AI 写作也需要通过深度学习来掌握语言的精髓。通过海量的文本数据训练，AI 能够学习语言规律、表达方式和写作技巧。这就像是一位学徒通过观察和模仿师傅的烹饪技巧，最终掌握了独特的配方和火候。

2. 自然语言处理（NLP）：AI 写作的"调味术"

如果说深度学习是掌握火候，那么自然语言处理就是 AI 写作的调味术。它让 AI 能够理解人类语言的语法规则、语义关系和上下文含义。就像一位厨师知道什么时候该放盐，什么时候该加糖，NLP 技术让 AI 知道在什么场合使用什么样的表达方式最恰当。

3. 神经网络：AI 写作的"厨房中枢"

神经网络就像是 AI 写作的中央控制系统，它负责协调和处理所有的写作环节。通过多层神经元的互联，AI 可以同时处理语法、语义、逻辑等多个层面的问题，就像厨师的大脑同时协调着手、眼、鼻等多个感官来完成烹饪。

接下来，让我们看看 AI 写作的"四大工序"：

1. 数据预处理

在开始写作之前，AI 需要对输入的信息进行清洗和整理，就像厨师在烹饪前要清洗食材、切配原料一样。这个过程包括分词、去除噪声数据、标准化等步骤。

2. 特征提取

AI 会从文本中提取关键特征，包括词频、语法结构、语义关联等。这就像厨师在烹饪前要先确定食材的特性，比如肉质的软硬、蔬菜的新鲜度等。

3. 模型训练

这是 AI 写作最关键的环节，就像厨师要经过反复练习才能掌握某道菜的精髓。AI 会通过不断学习和调整，优化自己的写作能力。

4. 生成输出

最后，AI 将所有处理过的信息组织成连贯的文本，就像厨师将所有食材烹饪成一道美味佳肴。

然而，AI 写作也面临着一些技术挑战：

1. 上下文理解

虽然 AI 能够处理海量信息，但在理解深层语境方面还有提升空间。这就像一位外国厨师精通烹饪技巧，但对某些食材的文化内涵的理解可能还不够深入。

2. 创意生成

AI 在创造性写作方面还存在局限，往往需要人类的引导和启发。这就像即使是最优秀的厨师，也需要不断创新才能开发出新的菜品。

3. 情感表达

在情感细腻度的把握上，AI 还需要进一步提升。这就像一道菜品不仅要求色香味俱全，还要能打动食客的心。

展望未来，随着技术的不断进步，AI 写作必将迎来更大的突破。量子计算、认知计算等新技术的应用，将为 AI 写作带来更多可能性。

"技术只是工具，创意才是灵魂；AI 写作的进步不在于替代人类，而在于赋能创作，让每个想法都能找到最好的表达方式。"

主流 AI 写作工具介绍

我们已经了解了 AI 写作背后的神奇魔法——语言模型和技术基础，现在是不是迫不及待地想认识一下这些"魔法棒"了呢？这一节，我们就来一起探索一下目前市面上主流的 AI 写作工具，看看它们各自的特色和神奇之处。

想象一下，你是一位小说家，脑子里充满了奇思妙想，却苦于码字速度太慢。或者你是一位忙碌的市场营销人员，需要源源不断地创作广告文案。又或者你只是一位学生，面对堆积如山的论文作业感到头疼不已。别担心，AI 写作工具就像你的贴心小助手，可以帮你解决这些难题！

目前市面上的 AI 写作工具种类繁多，功能也各有千秋，让人眼花缭乱。别慌，我会像导游一样，带你快速浏览一下这个精彩纷呈的 AI 世界。

1. 功能全面的"全能型选手"

它们就像瑞士军刀一样，几乎可以满足你所有的写作需求，从撰写文章、诗歌、小说，到生成代码、翻译文本、润色语法，无所不能。

像 ChatGPT、Claude、Gemini、Jasper.ai、Copy.ai、Rytr 等工具，就是其中的佼佼者。它们拥有强大的语言模型，可以根据你的指令生成各种类型的文本。你可以告诉它们你想要写什么主题，需要什么样的语气和风格，它们就能像变魔术一样，快速生成一篇符合你要求的文章。是不是很神奇？就像拥有了一个私人写作助理！

2. 特定领域的"专业型选手"

它们就像技艺精湛的工匠，在各自的领域里独领风骚。

例如，你需要写一篇学术论文，可以试试 Paperpal 或 QuillBot。它们可以帮你检查语法错误、润色语言、优化句子结构，让你的论文更加严谨规范。

如果你是一位程序员，GitHub Copilot 绝对是你的最佳拍档。它可以根据你的代码注释和上下文，自动生成代码片段，大大提高你的编程效率。就像拥有了一个编程助手，帮你省去了很多烦琐的代码编写工作。

如果你需要进行内容创作，不妨试试 Writesonic 或 Article Forge。它们可以根据关键词和主题，快速生成博客文章、新闻稿、产品描述等各种类型的营销文案，让你轻松应对内容创作的挑战。

3. "小而美"的工具

它们就像精致的小工具，虽然功能不如"全能型选手"那么全面，但在某些特定场景下却能发挥出意想不到的作用。

例如，Grammarly 可以帮你检查语法错误和拼写错误，DeepL 可以提供高质量的翻译服务，Hemingway Editor 可以帮你简化写作风格，使文章更易读。这些工具就像你的写作小帮手，可以帮你提升写作质量，让你的文字更加完美。

在国内，也涌现出一批优秀的 AI 写作工具，满足本土用户的需求。例如，文小言、豆包、通义千问、腾讯元宝、智谱清言、讯飞星火、KiMi、天工、360 智脑、DeepSeek、万知、百小应、跃问等，下面简要介绍其中的两个：

1. 腾讯 AI 写作助手

功能亮点：支持智能生成新闻报道、产品介绍等多种文体，具备强大的语言理解能力。

优势：深谙中文语言特点，生成内容更符合国内用户的阅读习惯。

使用场景：新闻媒体、企业宣传、教育培训等领域。

2. 百度文小言

功能亮点：集成百度强大的搜索和数据处理能力，提供实时信息支持。

优势：结合百度生态系统，易于与其他百度服务集成。

使用场景：数据驱动的内容创作、实时资讯报道、智能客服等。

国内 AI 工具的优缺点：

优势：本土化强，支持中文环境下的优化和定制，响应速度快。

劣势：在国际化和多语言支持方面可能不如一些国际大厂的产品全面。

当然，选择 AI 写作工具也要根据自己的实际需求和预算来考虑。有些工具提供免费试用，有些则需要付费订阅。你可以根据自己的情况选择合适的工具。

就像选择一把称手的锤子一样，找到适合自己的 AI 写作工具也需要一些尝试和探索。建议你多试用几款不同的工具，比较它们的功能和特点，最终选择最适合自己的那一款。

在这个 AI 写作工具百花齐放的时代，选择一款合适的工具，就像找到一把开启创作之门的钥匙。它可以帮助你释放创造力，提高写作效率，让你在写作的道路上走得更远。

面对琳琅满目的 AI 写作工具，如何选择真正适合自己的工具呢？这里有一些小建议，供大家参考：

1. 明确需求

首先要明确你使用 AI 写作工具的目的，是用于内容创作、市场营销，还是学术写作？不同的工具在各自的领域有独特的优势。

2. 试用体验

利用各平台提供的免费试用期，多尝试几款工具，感受它们的操作界面和生成效果，找到最适合的一款。

3. 预算考量

根据自己的预算选择合适的工具。部分高级功能可能需要付费订阅，需权衡功能与成本的关系。

4. 语言支持

如果你主要使用中文写作，选择支持中文优化的工具，如腾讯 AI 写作助手、豆包或百度文小言，将获得更好的体验。

5. 功能丰富度

考虑工具的功能是否全面，是否支持多种文体、内容优化、团队协作等，以满足多样化的写作需求。

案例分享：AI 写作工具在实际中的应用

让我们通过一个简单的案例，看看不同 AI 写作工具是如何在实际中助力创作的。

场景：一家电商企业需要在一个月内撰写 30 篇产品描述，以提升网站的 SEO 排名。

1. 使用 Jasper.ai

步骤：选择产品描述模板，输入产品关键词和基本信息。

结果：Jasper.ai 快速生成 30 篇结构清晰、关键词优化的产品描述，节省了大量人工撰写时间。

2. 使用 Copy.ai

步骤：利用其快速生成功能，输入产品类别和特色。

结果：Copy.ai 生成了多样化的描述版本，便于企业进行个性化调整和选择。

3. 使用 Grammarly

步骤：在 Jasper.ai 或 Copy.ai 生成的内容基础上，使用 Grammarly 进行语法和风格润色。

结果：最终的产品描述不仅内容丰富，还语法规范，提升了整体专业度。

综合效果：通过合理搭配使用不同的 AI 写作工具，企业不仅提高了写作效率，还确保了内容的质量和多样性，为 SEO 优化提供了坚实的基础。

记住，AI 写作工具是你的助手，而不是你的替代品。它们可以帮助你完成一些烦琐的写作任务，但最终的创作仍然需要你的思考和创意。就像一位画家需要画笔一样，AI 写作工具只是你的工具，而真正的艺术仍然来源于你自己的内心。

"AI 是工具，而非目的；创意是灵魂，而非代码。"

AI 写作的优势与局限

效率与规模化优势

在这个信息爆炸的时代,我们每天都被海量的信息所包围。无论是新闻、社交媒体,还是各种专业文献,内容的生产速度和数量都在以前所未有的速度增长。然而,面对如此庞大的信息海洋,如何快速、高效地生产出有价值的内容,成了许多人亟需解决的问题。这时候,AI 写作的效率与规模化优势,便如同一位隐形的超级助手,帮助我们在这场内容的竞赛中脱颖而出。

AI 写作最大的优势之一就是它的效率。这可不是普通的效率,而是像闪电侠一样的超级速度!以前,你可能需要花费数小时甚至数天才能完成一篇文章,而 AI 只需要几分钟,甚至几秒钟就能生成一篇初稿。这就像拥有了一支不知疲倦的写作团队,可以 24 小时不间断地为你工作。

举个例子,假设你需要为你的电商网站撰写数百个商品描述。传统方式下,这将是一项极其烦琐的任务,需要耗费大量的时间和精力。但有了 AI 写作,你只需要提供一些关键词和产品信息,它就能快速生成大量的商品描述,而且每个描述都独一无二,避免了重复和抄袭的风险。这就像拥有了一台自动化的内容生产机器,可以源源不断地输出你所需的内容。

除了速度快,AI 写作还能轻松实现规模化生产。这就像拥有了一座内容工厂，可以批量生产各种类型的文本内容，从新闻报道、博客文章到小说、诗歌，几乎无所不能。这对于需要大量内容输出的企业和个人来说，无疑是一个巨大的福音。

想想看，如果你拥有一家媒体公司，每天需要发布大量的新闻报道，AI 写作可以帮助你快速生成新闻稿件，节省大量的人力成本。如果你是一位自媒体博主，需要定期更新内容，AI 写作可以帮助你轻松创作各种主题的文章，保持内容的新鲜度和吸引力。

更令人惊喜的是，AI 写作的效率和规模化优势并不仅仅体现在文字创作上，还可以用于生成各种类型的创意内容，例如广告文案、营销策划、剧本创作等。这就像拥有了一个全能的创意助手，可以帮助你拓展创作的边界，探索无限的可能性。

当然，你可能会担心 AI 生成的文本质量。毕竟，速度再快，质量不好也是白搭。但请放心，随着技术的不断进步，AI 写作的质量也在不断提高。现在的 AI 已经能够生成语法正确、逻辑清晰、内容丰富的文本，甚至可以模仿不同作家的写作风格。

更重要的是，AI 写作并不是要取代人类的创作，而是要成为人类的助手，帮助我们更高效地完成创作任务。我们可以利用 AI 生成的文本作为初稿，然后进行人工修改和润色，使其更符合我们的需求和标准。这就像拥有了一个强大的写作工具，可以帮助我们提升创作效率，释放更多的创作潜能。

AI 写作的效率和规模化优势，就像一把开启未来创作大门的钥匙，它将彻底改变内容创作的格局，为我们带来无限的可能性。在这个信息爆炸的时代，高效的内容生产能力将成为个人和企业脱颖而出的关键。拥抱 AI 写作，你将站在时代的前沿，引领未来的创作潮流。

"效率是 AI 写作的利剑，规模化是它的盾牌，二者结合，将助你征服内容创作的战场。"

知识整合能力

假如你是一位美食博主，想要写一篇关于意大利面的文章。你只需要告诉AI你的需求，比如"介绍不同种类的意大利面及其酱汁搭配"，它就能迅速从互联网的浩瀚信息海洋中，搜集到各种意大利面的种类、做法、历史渊源、酱汁搭配，甚至还能找到一些地道的意大利餐厅推荐。这就像拥有一个私人厨师兼美食顾问，随时随地为你提供专业的知识服务。

AI的知识整合能力，就像一个巨大的知识宝库，里面储存着各种各样的信息。它可以快速地从这个宝库中提取你需要的知识，并将其整合到你的文章中。这就好比你拥有一个万能的搜索引擎，可以随时随地找到你想要的信息。

1. 跨领域知识的无缝连接

想象一下，AI就像是一位站在图书馆中央的智者，同时翻阅着历史、科技、文学、艺术等各领域的书籍。它不仅能快速提取相关信息，更能将看似不相关的知识点巧妙地串联在一起。比如，在写关于环保的文章时，AI可以自然地将生物学原理、社会现象、经济影响和科技发展融为一体，呈现出全方位的分析视角。

2. 深度与广度的完美平衡

AI的知识整合能力最与众不同之处在于它能在保持深度的同时，实现知识的广泛覆盖。就像一位经验丰富的厨师，既了解每种食材的特性，又懂得如何将它们搭配成美味佳肴。AI能够：

-快速提炼核心观点；

-准确引用相关数据；

-联系实际案例；

-建立逻辑关联。

3. 实时更新的知识库

与传统写作相比，AI的一大优势在于其知识库是动态更新的。它就像一个永不疲倦的学习者，持续吸收着最新信息。这意味着它可以：

-提供最新研究数据；

-引用当下热点话题；

-结合时事进行分析；

-及时更正过时信息。

4．多维度的信息整合

AI 不仅仅是简单地堆砌信息，而是能够从多个维度进行深度整合：

-时间维度：纵向梳理历史发展脉络；

-空间维度：横向对比不同地区特点；

-逻辑维度：建立因果关联；

-实践维度：联系现实应用。

5．知识整合的实际应用

让我们通过一个具体例子来说明。假设我们要写一篇关于咖啡的文章，AI 能够：

-追溯咖啡的历史起源；

-分析全球咖啡产业链；

-解释咖啡的化学成分；

-探讨咖啡与健康的关系；

-介绍不同的咖啡文化；

-预测咖啡产业未来趋势。

6．整合能力的局限性

当然，AI 的知识整合也存在一些局限：

-可能缺乏对信息的情感理解；

-难以完全把握微妙的文化差异；

-可能出现逻辑跳跃；

-需要人工验证信息准确性。

7．如何善用 AI 的知识整合能力

要充分发挥 AI 的知识整合优势，我们可以：

-提供清晰的写作方向；

-设定合适的知识范围；

-注重信息的交叉验证；

-适当补充个人见解。

8. 未来展望

随着技术的不断进步，AI 的知识整合能力将更加强大。它不仅能够提供更精准的信息匹配，还能实现更深层次的知识创新，为内容创作带来更多可能性。

在这个信息爆炸的时代，AI 的知识整合能力就像是为我们点亮了一盏明灯，帮助我们在浩瀚的知识海洋中找到方向。它不仅提高了我们的写作效率，更拓展了我们的思维边界。

"知识如海，而 AI 则是我们的智慧灯塔，它不仅照亮了已知的航道，更指引着我们驶向未知的远方。"

创意与情感表达的局限

我们前面聊了 AI 写作的种种好处，速度快、知识面广，简直像开了挂一样。但 AI 并非万能，它也有自己的软肋。就像希腊神话里的英雄阿喀琉斯，虽然刀枪不入，却有一个致命的弱点——脚后跟。对 AI 写作来说，这个"脚后跟"就是创意和情感表达的局限性。

想象一下，你让 AI 写一首关于失恋的诗。它可能会堆砌华丽的辞藻，拼凑出语法正确的句子，甚至模仿著名诗人的风格。但读完之后，你可能感觉像嚼了一块没有味道的口香糖——华丽却空洞，找不到一丝能触动你心弦的真情实感。这就是 AI 目前难以逾越的鸿沟。

为什么 AI 在创意和情感上表现得如此"木讷"呢？这得从它的工作原理说起。AI 就像一个超级学霸，通过学习海量文本数据，掌握了语言的规则和模式。它能根据指令快速拼凑出符合语法、逻辑通顺的文字，但它并不理解文字背后的含义，更无法体会人类丰富的情感。

举个例子，"心碎"这个词，AI 知道它指的是悲伤的情绪，甚至能列出一堆与之相关的词汇，比如"难过""痛苦""绝望"。但它无法真正体会心碎是什么滋味，那种撕心裂肺的痛、那种世界崩塌的无力感，AI 是无法感同身受的。它只是在机械地运用学到的知识，就像鹦鹉学舌一样。

这就好比一个厨艺精湛的机器人厨师，它能精准地按照菜谱制作出各种美味佳肴，但它无法像人类厨师那样，根据自己的经验和灵感创造出独具匠心的新菜品。因为它不懂得"好吃"的真正含义，它只是在执行程序而已。

那么，AI 的创意从何而来呢？其实，AI 的"创意"更多的是一种"排列组合"。它会根据学习到的数据，将不同的元素进行重新组合，从而产生一些看似新颖的内容。但这并非真正的创意，更像是一种"巧合"或者"模仿"。就像一个孩子玩积木，他可以搭建出各种形状的建筑，但这并不意味着他是一个建筑师。

再说情感。人类的情感是复杂而微妙的，受到个人经历、文化背景、环境因素等多方面的影响。而 AI 目前还无法理解这些复杂的影响因素，它只能根据数据分析推测出某种情感的大致方向，却无法精准地表达出来。这就好比一个不懂音乐的人，试图用数学公式来创作一首动人的歌曲，结果可想而知。

当然，AI 技术也在不断进步，一些新的模型开始尝试理解和表达情感。例如，有些 AI 工具可以根据文本内容分析出作者的情感倾向，甚至生成一些带有情感色彩的文字。但这还远远不够，AI 的情感表达仍然停留在比较初级的阶段，离真正的人类情感还有很大的差距。

所以，如果你想用 AI 来创作一篇感人至深的爱情小说，或者一首充满哲理的诗歌，恐怕要失望了。至少在目前，AI 还无法胜任这些需要高度创意和情感表达的任务。它更适合用来处理一些重复性、规律性强的写作任务，比如新闻稿、产品描述、数据报告等。

但这并不意味着 AI 写作没有价值。相反，AI 可以成为人类写作的得力助手，帮助我们提高效率，拓展思路，甚至激发灵感。关键在于，我们要学会如何扬长避短，将 AI 的优势与人类的创造力相结合，才能创作出真正优秀的作品。

记住，AI 是工具，而不是替代品。人类的创意和情感，才是内容创作的灵魂。

"AI 可以成为你手中的利剑，但挥剑的人，永远是你自己。"

AI 写作的"蛛丝马迹"

语言模式特征

想知道怎么一眼识别 AI 写的文章吗？就像经验丰富的侦探一眼就能看出伪造的签名一样，AI 写作也有它独特的"签名"——语言模式特征。掌握这些特征，你就能练就火眼金睛，轻松识别 AI 生成的文字。

想象一下，你走进一家自助餐厅，琳琅满目的菜肴让你眼花缭乱。AI 写作工具就像这家自助餐厅，它拥有海量的词汇和句式储备，可以快速"拼凑"出一篇文章。但问题是，这种"拼凑"往往缺乏个性和灵魂，就像自助餐的菜品虽然种类繁多，但味道却千篇一律。

那么，AI 的"自助餐式写作"有哪些明显的特征呢？

1. 平均主义：追求"四平八稳"，缺乏个性锋芒

AI 就像一个谨小慎微的学生，力求不出错，所以它的语言往往非常"标准"，缺乏个性和特色。就像一个班里成绩中等的学生，作文总是规规矩矩，不会出现特别精彩的语句，也不会出现明显的错误。这种"四平八稳"的风格虽然安全，但也容易让人感觉乏味，缺乏感染力。试想，一篇全是套话和陈词滥调的文章，怎么能吸引读者的眼球呢？

2. 高频词重复：某些词语或句式出现频率过高

AI就像一个鹦鹉学舌的孩子，会不自觉地重复一些常用的词语和句式。这就好比你听一首歌，如果某一句歌词反复出现，你肯定会觉得单调乏味。同样的道理，如果一篇文章中某些词语或句式出现频率过高，就会让人感觉像是机器生成的，缺乏人工润色的痕迹。

3. 逻辑跳跃：缺乏自然的衔接和过渡

AI就像一个跳跃性思维的孩子，可能会突然从一个话题跳到另一个话题，缺乏自然的衔接和过渡。这就好比你正在看一部电影，突然画面跳到了另一个场景，你会感觉莫名其妙，不知所云。同样的道理，如果一篇文章逻辑跳跃，缺乏连贯性，读者就很难理解文章的中心思想。

4. 语义模糊：缺乏明确的指向和清晰的表达

AI就像一个含糊其词的政客，会尽量避免使用明确的指向和清晰的表达，以规避潜在的错误。这就好比你向一个路痴问路，他含糊地说"往前走"。同样的道理，如果一篇文章语义模糊，缺乏清晰的表达，读者就很难理解文章的真正含义。

5. 缺乏情感：难以表达细致的情感和深刻的思考

AI就像一个没有感情的机器人，很难表达细致的情感和深刻的思考。这就好比你听一段机器人朗读的诗歌，虽然发音标准，但你却感受不到诗歌中的情感和意境。同样的道理，如果一篇文章缺乏情感，缺乏深度，就很难引起读者的共鸣。

6. 长句偏好：倾向于使用长句和复杂的句式

AI就像一个喜欢炫技的演说家，倾向于使用长句和复杂的句式来展现自己的"能力"。这就好比一个厨师做菜，为了炫技，把简单的菜肴做得非常复杂，反而失去了菜肴的原汁原味。同样的道理，如果一篇文章充斥着长句和复杂的句式，反而会影响文章的可读性。

掌握了这些特征，你就能像一个经验丰富的"AI猎人"一样，轻松识别AI生成的文字。当然，AI技术也在不断进步，未来的AI写作可能会更加"狡猾"，更加难以识别。但这并不意味着我们无法应对，只要我们不断学习，不断提升自己的辨别能力，就能始终保持领先，在 AI 时代立于不败之地。

记住，工具是死的，人是活的。AI 只是一个工具，它可以帮助我们提高写作效率，但它永远无法取代人类的创造力和想象力。真正优秀的文章，一定是充满人性光辉的，一定是能够触动人心灵的。

"AI 可以模仿人类的语言，但永远无法复制人类的灵魂。"

内容结构特征

你有没有发现，当你阅读一篇由 AI 生成的文章时，总觉得哪里怪怪的？没错，这种"怪怪的感觉"很可能来自于 AI 写作的内容结构特征。让我们一起来揭开 AI 写作的结构面纱，看看它都有哪些独特的"小习惯"。

1. 过于完美的逻辑链条

想象一下，如果把文章比作一条小溪，人类写作就像是溪水自然流淌，时而曲折，时而跳跃；而 AI 写作则更像一条人工渠道，直来直去，整整齐齐。AI 生成的内容往往展现出近乎完美的逻辑链条，每个段落都严丝合缝地衔接，看起来无懈可击，反而显得不那么自然。

2. 标准化的段落结构

就像工厂里的流水线产品，AI 写作的段落结构往往表现出高度的一致性。每个段落长度相似，展开方式相似，甚至连过渡句都仿佛是按照模板刻出来的。这种整齐划一的结构，反而暴露了它的机械本质。

3. 公式化的内容展开

"首先…其次…最后""一方面…另一方面"，这些经典的过渡词在 AI 写作中频繁出现。AI 特别喜欢用数字化的方式来组织内容，比如"三个方面""四个步骤"，就像是在完成一道数学题，条理清晰但略显呆板。

4. 重复性的表达模式

AI 写作有一个有趣的特点：它喜欢重复使用相似的句式结构。就像一个勤奋但缺乏创意的学生，找到一个好用的句式就会反复使用。这种重复性可能在单篇文章中不太明显，但如果连续阅读几篇由 AI 生成的文章，这种特征就会非常突出。

5. 过度平衡的论述

AI 特别注重内容的"平衡性"，经常会刻意列举正反两面的观点。虽然这种做法看起来很"公平"，但有时候反而显得过于刻意，缺少人类写作中那种自然的偏好和态度倾向。

6. 结构完整性过强

开头、主体、结尾，AI 写作的结构往往完整得让人感觉太过刻意。就像一个过分守规矩的孩子，所有"该有的"都有了，反而少了几分灵气和创意。

7. "总-分-总"结构的过度使用

AI 特别喜欢用"总-分-总"的结构，就像写小学生作文一样，开头先概括一下主题，中间分几个点阐述，最后再来个总结。虽然这种结构清晰明了，但如果通篇都是这种模式，就会显得呆板，缺乏变化，读起来像流水账一样枯燥乏味。就像一台只会演奏固定音阶的钢琴，虽然每个音符都准确无误，却无法弹出动人的旋律。

8. 列表式结构的偏爱

AI 特别擅长处理列表，就像一个整理高手，能把信息分门别类地列出来。比如，你让它写一篇关于"旅游景点推荐"的文章，它可能会直接列出十个景点，每个景点配上一段简短的介绍，简洁明了，却缺乏深度和个性化的推荐。就像一份超市的商品清单，虽然信息齐全，却无法让你感受到商品背后的故事和价值。

9. 信息密度低，缺乏细节描写

AI 生成的内容往往比较概括，缺乏细节描写和生动形象的比喻。就像一幅素描画，只有简单的线条和轮廓，缺乏色彩和细节的填充，无法给人留下深刻的印象。比如，你让 AI 描写一个美丽的日落，它可能会说"太阳落山了，天空很美"，却无法描绘出夕阳的色彩变化、云朵的形状以及你内心的感受。

10. 内容重复和缺乏深度

AI 有时会像一台复读机，不断重复一些关键词和句式，缺乏深入的分析和独特的见解。这是因为 AI 的知识来源于大量的文本数据，它可能会不自觉地模仿这些文本的表达方式，导致内容重复和缺乏创意。就像一个只会模仿别人唱歌的歌手，虽然音调准确，却缺乏自己的风格和魅力。

当然，AI 在不断进化，它的写作能力也在不断提高。但就目前而言，AI 生成的内容在结构上还是存在一些明显的特征。了解这些特征，可以帮助我们更好地识别 AI 写作，并在进行 AI 辅助写作时，更有针对性地进行修改和润色，让 AI 生成的文字更具人性化和感染力。

记住，AI 只是一个工具，它可以帮助我们提高写作效率，但真正的创作灵魂仍然掌握在我们人类手中。就像一位画家手中的画笔，AI 可以帮助我们勾勒出作品的轮廓，但最终赋予作品生命和灵魂的，仍然是画家的创意和技巧。

"AI 写作就像是一位精确的工程师，而人类写作则是一位随性的艺术家；真正的好文章，需要在精确与随性之间找到完美的平衡点。"

理解人性化写作

什么是有"人味"的内容

想象一下,你走进一家面包店,扑鼻而来的是刚出炉面包的香气,温暖而诱人。一种面包看起来金黄酥脆,形状完美,标签上写着精确的卡路里和营养成分;另一种面包形状略有不规则,表面微微焦黄,却散发着更浓郁、更复杂的香味。你会选择哪一个?

很多人会被第二种面包所吸引。它虽然不完美,却更有"人味儿"。这种"人味儿"难以精确定义,却能被我们清晰地感知。它像是一种魔力,让我们感到亲切、温暖,甚至勾起一些回忆和情感。

在内容创作领域,"人味"同样重要。它指的是内容中所蕴含的人类情感、思考方式、价值观和生活体验。有"人味"的内容,能够与读者产生共鸣,引发思考,甚至改变他们的想法和行为。

那么,究竟什么是有"人味"的内容呢?我们可以从以下几个方面来理解:

1. 真实的情感流露

就像那块形状不规则的面包,真实的情感往往是不完美的,甚至有些"粗糙"。它可以是喜悦、悲伤、愤怒、恐惧,也可以是迷茫、焦虑、希望、失望。这些情感不需要华丽的辞藻，只需要真诚的表达。想想你读到一篇让你感动的文章，或者听到一首让你落泪的歌曲，它们打动你的，正是其中蕴含的真实情感。

举个例子，一篇关于地震灾后重建的文章，如果只是罗列数据和事实，很难引起读者的共鸣。但如果加入一些幸存者的故事，描写他们失去家园的痛苦，以及重建家园的希望，就能让读者感受到灾难的残酷和人性的坚韧，从而产生更深的情感连接。

2. 独特的个人视角

每个人都是独一无二的，拥有不同的生活经历、价值观和思考方式。这些差异会体现在我们创作的内容中，形成独特的个人视角。就像一千个人眼中有一千个哈姆雷特，即使是同一个话题，不同的人也会有不同的理解和表达。

比如，写一篇关于旅行的文章，有人会专注于描述风景名胜，有人会分享旅途中的趣闻逸事，还有人会探讨旅行的意义和对人生的影响。这些不同的视角，正是文章真正的魅力所在。

3. 鲜活的生活气息

有"人味"的内容，一定是来源于生活，并且能够反映生活的。它可能是对日常琐事的观察和思考，也可能是对社会现象的评论和反思。它不需要高深莫测，只需要贴近生活，让读者感受到真实的存在感。

例如，一篇关于育儿的文章，如果只是空洞地说教，很难引起家长的共鸣。但如果分享一些真实的育儿经历，比如孩子第一次开口说话、第一次走路、第一次上学，就能让读者仿佛置身其中，感受到育儿的酸甜苦辣。

4. 引发思考和共鸣

有"人味"的内容，不仅仅是传递信息，更重要的是引发思考和共鸣。它能够触动读者的心灵，让他们对生活、对世界、对自身产生新的认识和理解。

5. 自然流畅的表达

有"人味"的内容，语言一定是自然流畅的，就像朋友间的聊天一样，轻松随意，没有刻意的雕琢和修饰。避免使用生硬的术语和复杂的句式，用最简单的语言表达最真挚的情感。

就像我们平时说话一样，有停顿、有语气、有情感，而不是像机器人一样，一板一眼地念稿子。

总而言之，"人味"是内容的灵魂，它让内容不再是冷冰冰的文字，而是充满温度和情感的表达。它能够连接你我，引发共鸣，触动心灵。在AI写作时代，我们更需要关注"人味"，让科技为人类服务，让内容更有温度，更具力量。

"在数字的世界里，唯有人味，能让内容绽放灵魂的光芒。"

人类写作的独特性

在人类文明的发展长河中，写作一直扮演着不可或缺的角色。无论是古代的竹简、纸张，还是现代的电子文档，写作都是人类表达思想、传递情感的重要方式。然而，随着人工智能的迅猛发展，AI写作工具逐渐走入我们的生活，协助甚至替代人类完成各种文本创作。这一现象引发了广泛的讨论：在AI写作越来越成熟的今天，人类写作究竟还有哪些独特之处？本节将带领大家深入探讨人类写作的独特性，揭示其在AI时代仍然无法被取代的核心价值。

1. 个人经历与独特视角

人类的每一次写作，都是基于自身独特的生活经历和个人感悟。每个人都有自己独特的成长背景、文化熏陶和情感体验，这些都深深地影响着他们的写作风格和内容选择。例如，同样是描述一场雨，李白可能会以豪迈的诗句抒发对自然的敬畏，而村上春树则可能以细腻的笔触描绘雨中的孤独感。这种基于个人经历的独特视角，是当前AI写作难以完全复制的。虽然AI可以通过大量数据学习不同的写作风格，但它缺乏真正的个人经历和情感积淀，难以像人类一样自然地将这些元素融入文字中。

2. 情感深度与共鸣

人类写作中情感的深度和真挚是其独特性的重要体现。无论是小说中的人物塑造，还是散文中的抒情句子，情感都是打动读者的关键因素。人类在写作时，情感是自然而然流淌在字里行间的，它源自内心深处的真实体验和感受。这种情感的真挚性，使读者能够产生强烈的共鸣，感同身受。而 AI 虽然能够模拟情感表达，但其背后的"情感"更多的是对数据模式的模仿，缺乏真正的情感体验。因此，AI 写作在情感深度和真诚度上，仍难以与人类创作相提并论。

3. 创造力与想象力

创造力是人类写作中最耀眼的光芒之一。从奇幻小说中的奇异世界，到诗歌中独特的意象，人类的想象力为写作注入了无限的可能性。人类作家能够打破常规，创出全新的概念和故事，这种创造力源自于对世界的独特理解和无尽的好奇心。相比之下，AI 写作主要依赖已有的数据和模式，其"创造"更多的是在既有框架内进行组合和重组，缺乏真正意义上的原创性。因此，人类在创造力和想象力上的优势，使他们能够创造出更加新颖和富有感染力的作品。

4. 文化背景与价值观

每个作家都有自己独特的文化背景和价值观，这些因素深刻地影响着他们的写作内容和风格。无论是对社会现象的观察，还是对人生哲理的思考，作家都会在作品中融入自己的文化认同和价值取向。这种文化深度和价值观的表达，使作品更具厚重感和意义。而 AI 写作，尽管可以学习和模仿不同文化背景下的写作风格，但其本身并不具备文化认同和价值观，难以在作品中自然而然地体现出深刻的文化内涵和价值判断。

5. 道德判断与伦理思考

在人类写作中，道德判断和伦理思考常常是推动故事发展的重要力量。作家通过对人物行为和事件的道德评价，引导读者进行思考和反思。这种基于道德和伦理的深度思考，是人类写作的一大特色。AI 写作虽然可以在一定程度上模拟道德判断，但其判断基础依然是数据和算法，缺乏真正的道德意识和伦理思考能力。因此，在涉及复杂伦理问题的写作中，人类作家仍然具有无可替代的优势。

6. 即兴反应与灵感迸发

写作过程中，灵感的迸发往往是不可预测和瞬息万变的。人类作家能够在特定的情境下，即兴发挥，创造出令人惊艳的文字。而 AI 写作则主要依赖预先训练好的模型和算法，缺乏实时反应和即兴创作的能力。当人类作家在写作中遇到灵感闪现时，他们能够迅速调整思路，捕捉灵感，进而创作出富有创意的内容。这种即时的创造性反应，是当前 AI 写作工具难以实现的。

7. 语言的细腻与多样性

语言的细腻与多样性是人类写作的重要特征之一。不同的语言、方言、俚语，以及丰富的修辞手法，使人类写作充满了变化和色彩。人类作家能够根据情境和需要，灵活运用各种语言元素，打造出独特的语言风格。而 AI 写作虽然能够模仿不同的语言风格，但在细腻度和多样性上仍存在局限。特别是在处理复杂的语境和细微的情感表达时，AI 往往难以做到如人类般自然和精准。

8. 人际互动与情感联结

写作不仅是个体的创作过程，更是一种与读者之间的情感交流。人类作家通过文字与读者建立情感联结，分享彼此的喜怒哀乐。这种人际互动和情感联结，使写作成为一种深层次的沟通方式。而 AI 写作虽然能够生成内容，但缺乏与读者之间真实的情感交流和互动，难以建立起深厚的情感纽带。

9. 语言的灵活运用和驾驭能力

语言不仅仅是表达信息的工具，更是艺术的载体。人类作家可以运用各种修辞手法，比如比喻、拟人、夸张等，让语言更加生动形象，富有感染力。他们可以根据不同的语境和表达需要，调整语言风格和语气，让文字更具表现力。AI 虽然也能生成流畅的文字，但它对语言的运用还比较机械，缺乏那种"灵气"。就像一个熟练的乐器演奏者，可以赋予音符以生命，而一个初学者，只能机械地弹奏音符。

10. 持续学习和进化能力

人类作家不是一成不变的，他们会不断学习新的知识，积累新的经验，提升自己的写作能力。他们会根据读者的反馈和时代的变迁，调整自己的写作方向和风格。而 AI 的学习和进化，很大程度上依赖数据的更新和算法的优化，缺乏主动学习和自我反思的能力。

11. 直觉与顿悟的闪现

有时，最精彩的写作灵感往往来自于突如其来的顿悟。这种创作的火花可能产生于清晨的一缕阳光，或是深夜的一声叹息。这种灵感的迸发是人类创作的独特魅力。

"在人与 AI 的共舞中，唯有人类的心灵之光，才能点亮文字的真正魅力。"

情感与共鸣的重要性

在这个信息爆炸的时代，我们每天都被海量的信息包围。无论是新闻、社交媒体还是各种广告，信息如潮水般涌来。然而，真正能在我们心中留下印记的，却是那些能引发情感共鸣的内容。无论是让我们开怀大笑的幽默段子，还是让我们潸然泪下的感人故事，情感的力量无可替代。这就是情感与共鸣的魔力。

（一）为什么情感如此重要

首先，情感是人类交流的基础语言。就像一杯咖啡，纯粹的咖啡也许太苦，加入糖和奶才能让它变得温润可口。同样，纯粹的信息传递也许太过生硬，而情感则是那颗让内容变得温暖的"糖"。

记得有一次，我看到两段描写春天的文字。第一段是："春天来了，树木发芽，花朵绽放，气温回升。"第二段是："春天悄悄地来了，小树的嫩芽像害羞的小手，怯生生地向我们招手，路边的小花仿佛深情的眼睛，温柔地注视着路过的行人。"哪一段更打动你？显然是第二段，因为它注入了情感，创造了共鸣。

（二）共鸣的产生源于三个层面

1. 情感共振

就像两个音叉，当一个振动时，另一个也会随之振动。优秀的作品应该能触动读者内心最柔软的部分。比如描写父母的文章，如果只是列举事实，远不如描写父母微白的鬓角、布满皱纹的双手来得动人。

2. 经验共鸣

我们每个人都经历过欢乐、悲伤、迷茫、憧憬。好的作品要善于唤起读者的共同记忆。就像描写童年，提到课间打闹、偷吃零食、考试紧张等情节，都能让读者会心一笑。

3. 价值观共鸣

当文章传递的价值观与读者产生共鸣时，往往能产生最深层的触动。比如励志故事中的永不放弃、亲情文章中的无私奉献，都能引发强烈的情感共鸣。

（三）如何在写作中注入情感

1. 细节描写

好的情感不是靠说教，而是靠细节。比如描写"思念"，与其直接说"我很想你"，不如写"每次经过那家奶茶店，我都会不自觉放慢脚步"。

2. 感官调动

调动读者的视觉、听觉、嗅觉、触觉等感官体验。比如描写"幸福"，可以是"阳光洒在餐桌上，妈妈煎饺子的香味飘满整个屋子"。

3. 情感递进

像讲故事一样，让情感有起承转合。先抛出引子，再层层深入，最后升华主题。

4. 留白艺术

不要把话说得太满，给读者想象和感悟的空间。就像中国水墨画，留白之处往往意境无穷。

5. 表达真诚

不要刻意煽情，不要无病呻吟。真正的情感是发自内心的，是自然流露的。就像跟老朋友聊天一样，用真心去表达，读者自然能够感受到你的真诚。

6. 讲好故事

故事是最有效的情感传递方式。每个人都喜欢听故事。用故事来表达情感更容易引起读者的共鸣。一个好的故事，就像一颗种子，能够在读者心中生根发芽，开出美丽的花朵。通过讲述真实或虚构的故事，读者能够更容易地代入情境，产生情感共鸣。

7. 换位思考

站在读者的角度思考，他们关心什么？他们想看到什么？你的文章能够给他们带来什么？只有真正了解读者，才能写出触动人心的作品。就像一位优秀的厨师，他知道食客的口味，才能做出让人赞不绝口的菜肴。

8. 运用修辞手法

比喻、拟人、排比等修辞手法可以使语言更加生动形象，更能引发读者的情感共鸣。比如，用"春天像一位画家，用五彩缤纷的颜料描绘着大地"来比喻春天的美丽，比简单地说"春天很美"更能触动人。

在这个信息爆炸的时代，纯粹的知识传递已经不够了。只有带着温度的文字，才能真正打动人心。情感是内容的灵魂，共鸣是写作的终极目标。

记住，AI 可以模仿人类的写作，但很难真正理解和传递深层的情感。这正是人类写作者的独特优势。我们要做的，不是与 AI 比拼信息量，而是用真情实感打动读者。

"内容是桥梁，情感是桥墩，共鸣是暖流，唯有三者兼具，才能让文字跨越时空，直达人心。"

人类写作 VS AI 写作

写作思维的差异

想象一下,你正在欣赏两幅画:一幅是著名画家梵高的《星月夜》,充满激情与灵魂;另一幅是 AI 生成的艺术作品,技术完美但似乎少了些什么。这就像人类写作和 AI 写作的区别——表面上都在创作,但思维方式却大不相同。那么,人类和 AI 在写作思维上有哪些不同之处呢?让我们一探究竟。

1. 人类思维的跳跃与联想

人类的思维,就像一条曲折蜿蜒的小溪,时而急流勇进,时而平缓宁静。在写作过程中,人类作家往往会根据一瞬间的灵感,进行大胆的联想和跳跃。这种思维方式充满了不确定性和创意,每一个转折都可能带来意想不到的惊喜。

举个例子,当你写一篇关于春天的文章时,突然想到小时候在田野里奔跑的情景,这种联想不仅丰富了文章的内容,还赋予了文字深厚的情感底蕴。而 AI 在这方面的能力则相对有限,它更多依赖已有的数据和模式,难以像人类一样进行如此自由的联想和创意跳跃。

2. 情感驱动与理性分析

人类的写作往往被情感所驱动，无论是喜悦、悲伤、愤怒还是期待，情感都是推动创作的重要力量。这种情感驱动使人类的文字饱含温度，能够触动读者的心弦。

相比之下，AI 的写作更多依赖算法和数据分析。虽然 AI 能够模仿情感的表达，但其内在缺乏真正的情感体验。因此，AI 的文字在情感深度和真实感方面，往往不如人类那样细腻动人。

3. 经验积累与文化背景

人类作家的写作思维深受个人经历和文化背景的影响。每个人的生活经历、阅读积累、文化熏陶，都在潜移默化中塑造了独特的写作风格和思维方式。这种差异使每一位作家都能以独特的视角，呈现出别具一格的作品。

AI 虽然可以通过大量数据学习不同的写作风格，但其"经验"仅限于数据层面，缺乏真正的生活体验和文化沉淀。因此，AI 在处理涉及深厚文化背景和复杂人际关系的写作任务时，常常显得力不从心，难以捕捉到人类独有的细腻感受。

4. 创造性与规则遵循

人类的创造性思维不仅在于新奇的想法，更在于打破常规，挑战现有的规则。这种打破常规的勇气，使人类的创作充满无限可能，能够不断拓展文学的边界。

AI 则更擅长在既定规则内进行优化和改进。它能够高效地处理大量信息，生成符合特定标准的内容，但在突破传统、提出全新概念方面，仍然依赖人类的指引和编程。因此，AI 在创造性写作上的表现，往往无法与人类的天马行空相比肩。

5. 即时反馈与持续优化

人类作家在写作过程中，可以根据自己的感受和读者的反馈，实时调整和优化内容。这种即时反馈机制，使作品能够不断迭代升级，逐步趋于完美。

AI 的写作则更多依赖预先设定的算法和训练数据，缺乏自主调整和优化的能力。尽管 AI 可以通过持续学习来改进自身，但这种改进过程缺乏人类作家的直觉和洞察，难以达到同样的灵活性和适应性。

6. 直觉与预感的力量

很多时候，伟大的文学作品源自于作者的直觉和预感。这种潜意识的力量，能够引导作家在无意识中创造出令人惊叹的文字奇迹。直觉不仅是一种思维方式，更是一种深层次的认知能力，难以通过逻辑和理性来完全解释。

AI 在这方面则显得尤为缺乏。尽管它能够模拟和生成看似有创意的内容，但这些"创意"背后缺乏真正的直觉和预感，更多的是对已有数据的再组合。因此，AI 写作在灵魂和深度上，始终无法与人类的直觉驱动相媲美。

7. 多样性与个性化表达

人类作家的写作思维多样且个性化，每个人都有自己独特的表达方式和思考路径。这种多样性，使文学世界充满了丰富多彩的声音和视角，满足了不同读者的需求和喜好。

AI 写作则更多表现出模式化和一致性，尽管它可以模拟多种风格，但真正的个性化表达仍然是一个挑战。AI 缺乏自主的个性特征，其输出更多的是基于统计概率和已有范例，难以展现出真正独特的个人风格。

8. 面对未知的应对方式

写作过程中，作家常常会遇到意料之外的难题和挑战，这时他们需要依靠灵活的思维和丰富的想象力，去寻找新的解决方案。而 AI 在面对未知和未见过的问题时，往往无法像人类一样灵活应对，其解决方案受限于已有的数据和预设的算法。

这种应对未知的能力，赋予了人类写作更多的可能性和创造空间，而 AI 则在这一点上显得相对僵化和受限。

9. 目的性与意义感

人类作家在写作时，往往不仅仅是传递信息或讲述故事，更追求作品的意义和价值，希望通过文字传达特定的思想和情感。这种目的性和意义感，使人类的写作更加深刻和富有内涵。

AI 写作更多注重的是信息的准确传递和逻辑的严密性，缺乏对作品整体意义和价值的深刻理解。因此，尽管 AI 能够生成内容丰富的文字，但在深层次的意义传达和情感共鸣上，仍难以与人类作家相提并论。

通过以上几点，我们可以清晰地看到，人类和 AI 在写作思维上的诸多差异。这些差异不仅源于本质上的不同，更反映了人类思维的复杂性和深度。虽然 AI 在写作效率和数据处理上有着不可忽视的优势，但在情感表达、创造性思维、文化沉淀等方面，仍然难以超越人类。

记住，AI 是一个强大的助手，但永远不能替代人类独特的思维方式和创造力。正如著名作家村上春树所说："创作就像挖掘自己的内心，而这种挖掘，只有人类才能完成。"

"文字的魅力不在于完美无缺，而在于带着人性的温度，让读者感受到作者内心的跳动。"

表达方式的不同

在探讨人类写作与 AI 写作之间的差异时，表达方式的不同无疑是一个引人注目的话题。这就好比一个是用毛笔写字，一个是用打印机打字，虽然最终呈现的都是文字，但感觉就是不一样。那么，人类写作和 AI 写作在表达方式上到底有哪些不同呢？

1. 语境掌握的差异

人类在写作时，会自然而然地融入生活经验、情感体验以及文化背景。这使得人类的表达往往更贴合特定的语境，能够精准传达复杂的情感和细腻的感受。例如，当一个人描述一场秋日的黄昏时，他可能会提到落叶在风中飞舞，夕阳染红了天边，这些细节让人仿佛身临其境。

而 AI 虽然能够通过大数据学习到大量的表达方式，但它缺乏真实的生活体验。这意味着 AI 在处理一些需要深刻情感或复杂情境的表达时，可能会显得有些生硬或缺乏深度。比如，当 AI 描述一场悲伤的离别时，虽能正确使用"泪水""心碎"等词汇，但却难以真正传达出那种无法言喻的痛苦。

2. 创造力与独创性的不同

人类拥有无尽的想象力和创造力，能够在写作中不断突破常规，创造出全新的表达方式和独特的视角。作家们常常通过比喻、拟人、夸张等修辞手法，赋予文字以生命，使读者在阅读过程中感受到鲜活的画面和丰富的情感。

AI 的创造力则更多依赖已知的模式和数据。虽然现有的生成模型可以模拟出多样的表达方式，但其创新性仍然受限于训练数据的范围和质量。比如，在诗歌创作中，AI 可以模仿莎士比亚的风格，生成押韵的诗句，但要真正创造出独具一格、打破传统的诗篇，AI 目前还难以与人类作家相比。

3. 情感表达的深度

人类在写作中能够深入挖掘自己的情感，并通过文字细腻地表达出来。这种情感的深度不仅来源于个人的经历，还包括对他人情感的共鸣和理解。一篇动人的散文，往往能够触动读者的心灵，因为它饱含着作者真挚的情感。

而 AI 的情感表达更多是基于模式识别和数据匹配。它可以通过分析大量与情感相关的数据，模仿出相应的情感表达，但缺乏真正的情感体验和内在的情感驱动。因此，AI 生成的内容在情感深度上，往往难以达到人类作家的那种细腻和真实。

4. 文化与背景知识的运用

人类写作不可避免地受到所处文化和背景的影响。不同的文化背景赋予了人们不同的表达习惯、价值观和思维方式。这使得人类在写作时能够自然地融入特定的文化元素，使作品更具地域特色和文化内涵。

AI 虽然可以通过学习多种语言和文化的数据来理解和模仿不同文化背景下的表达方式，但在实际应用中，它往往难以完全掌握文化的深层次内涵和细微差别。这导致 AI 在涉及复杂文化背景或深层次文化内涵的写作时，可能无法做到如人类般自然流畅。

5. 灵活性与适应性的不同

人类在写作过程中，能够根据不同的写作目标、受众和环境灵活调整表达方式。例如，在写一篇科学文章时，科学家会采用严谨、逻辑性强的语言；而在写一封情书时，则会使用更加感性、抒情的表达方式。这种灵活性源于人类对写作目的和受众需求的敏锐感知。

相比之下，AI 在进行写作时，虽然可以根据指令调整文体和风格，但其灵活性仍然有限。它更多依赖预设的规则和模板，难以像人类一样根据实时反馈和环境变化迅速调整表达方式。因此，在需要高度适应性和灵活性的写作任务中，AI 的表现往往不及人类。

6. 幽默与讽刺的运用

幽默和讽刺是人类写作中常见且富有挑战性的表达方式。这类表达不仅要求语言的巧妙运用，还需要对情境、文化背景和读者心理有深刻理解。优秀的幽默和讽刺作品，能够在短短几句话中传递复杂的信息和深刻的意义，令人捧腹又回味无穷。

然而，AI 在处理幽默和讽刺时，常常显得笨拙。它可能无法准确抓住幽默的核心，或者在讽刺中失去分寸，导致表达效果平淡甚至引发误解。这主要是因为幽默和讽刺往往依赖细腻的情感和深层次的语境理解，而这是当前 AI 技术尚难以完全驾驭的。

7. 叙事节奏的掌控

优秀的叙事作品，往往伴随着紧凑而有节奏的故事发展。人类作家能够根据情节的需要灵活掌握叙事的节奏，通过细腻的描写和铺陈，增强故事的紧张感和感染力。这种节奏感的把握，往往源于作家对故事的深刻理解和丰富的叙事经验。

AI 在生成叙事内容时，虽然能够按照一定的逻辑和结构进行编排，但在节奏的掌控上，往往缺乏人类作家的那种灵活性和敏锐性。生成的故事可能存在节奏失衡、情节突兀或过于平淡的问题，难以像人类创作的作品那样，带给读者流畅而令人陶醉的阅读体验。

8. 细节描写的精妙

细节决定成败，这在写作中尤为重要。人类作家善于通过细腻的细节描写，勾勒出逼真的场景和生动的人物形象，让读者在阅读中感受到强烈的画面感和代入感。例如，描述一个老人在雨中撑伞的场景，人类作家可能会详细描写伞的颜色、雨滴的声音、老人的步伐节奏等，使整个画面栩栩如生。

而 AI 在处理细节描写时，往往依赖模板和常见的模式，缺乏对细节的独特理解和深度刻画。这导致 AI 生成的内容在细节上可能显得单调、重复，无法达到人类作家那种细腻而生动的效果。

9. **语言的多样性与创新**

人类语言丰富多样，充满了各种各样的表达方式和创新用法。作家通过不断创新，丰富了语言的表现力，使文字更加生动、有趣。例如，运用神秘的隐喻、独特的词汇搭配，甚至是创造全新的词语，这些都为写作增添了无限的可能性。

AI 虽然能够学习和模仿多种语言风格，但其创新能力依然受限于训练数据和预设的规则。它生成的语言多以常见表达为主，难以突破常规，创造出令人耳目一新的新颖表达。因此，在语言多样性和创新性方面，AI 远不及人类作家那样充满无限可能。

通过以上几点分析，我们可以看到，人类写作和 AI 写作在表达方式上存在诸多不同。人类凭借丰富的情感体验、深厚的文化底蕴、独特的创造力和灵活的表达方式，能够创造出富有感染力和深度的作品。而 AI 虽然在效率和数据处理上具有优势，但在情感深度、创造力和细腻表达等方面，仍然无法与人类作家相媲美。

然而，这并不意味着 AI 写作一无是处。相反，AI 在辅助性写作、信息整理和基础内容生成等方面，已经展现出巨大的潜力。未来，随着技术的不断进步，人类与 AI 的合作将会带来更多精彩的写作成果。

"在人与机器的交汇处，情感的温度与智慧的冷静，共同谱写出未来写作的新篇章。"

情感深度的对比

说起情感深度，就像是在比较一杯现磨咖啡和速溶咖啡的区别。人类的情感就像是那杯现磨咖啡，层次丰富，余韵悠长；而 AI 的情感表达，目前更像是速溶咖啡，虽然也能提供咖啡的基本风味，但总觉得少了点什么。

让我们深入探讨人类和 AI 在情感深度上的几个关键差异：

1. 情感源头的真实性

人类的情感是从真实的生命体验中涌现的。当我们写出"思念"这个词时，脑海中可能会浮现出与远方亲人相处的点点滴滴，那种揪心的感觉是实实在在的。而 AI 的情感表达，说白了是通过数据分析和模式识别来模仿人类的情感表达方式，就像是在背台词，虽然也能说出动人的话，但缺少了真实的情感基础。

2. 情感层次的复杂性

人类的情感是复杂而矛盾的。比如，我们可能会对同一个人同时存在爱与恨、期待与失望这样复杂的情感。写作时，这种复杂的情感会自然而然地流露出来。而 AI 目前还难以真正理解和表达这种复杂的情感状态，它更擅长处理单一维度的情感表达。

3. 情感共鸣的深度

想象一下，当你读到一篇描写失去亲人的文章时，人类作者能够通过自身的经历或感同身受的能力，写出真实而深刻的悲伤。读者能从字里行间感受到作者的心痛，产生强烈的情感共鸣。而 AI 虽然能够按照既定模式描写悲伤场景，但往往缺乏那种直击人心的力量。

4. 情感表达的独特性

每个人的情感表达方式都是独特的，这种独特性来自于个人的生活经历、性格特点和价值观念。比如，描写"快乐"这种情绪时，有人可能用跳跃的文字，有人可能用细腻的笔触，这些都源于个人的情感表达习惯。而 AI 的情感表达往往会显得模式化，缺乏个性化的特色。

5. 情感的时间维度

人类的情感是会随时间发展变化的。同一件事情，在不同的人生阶段回看，可能会产生完全不同的感受。这种情感的成长性和变化性，是 AI 目前还无法真实模拟的。AI 的情感表达更像是停留在某个时间点的快照，缺乏时间维度上的延展性。

6. 情感变化的自然性

人类情感是动态变化的，随着时间和环境的变化而不断演变。人类作家能够在作品中自然地表现出这种情感的变化，使情感表达更加真实和立体。而 AI 在情感变化的表现上，往往显得机械和不自然，难以呈现出情感的真实波动。

记住，AI 写作的终极目标不是取代人类的情感表达，而是辅助我们更好地传递情感。就像工具可以帮助艺术家创作，但永远无法替代艺术家的灵魂一样。

在这个 AI 快速发展的时代，我们要做的不是与机器比拼情感，而是善用科技，让我们的情感表达更加丰富多彩。正如著名作家马尔克斯所说："生命中最美好的事物，不是用语言能够描述的，而是用心去感受的。"这句话，或许正是人类写作在情感描述上永远胜过 AI 的关键所在。

"AI 可以模仿情感的涟漪，却无法创造情感的波涛。"

道德和伦理考量的差异

在 AI 与人类写作的较量中，除了思维方式、表达手法和情感深度的不同，道德和伦理的考量也是一个不容忽视的重要领域。这个话题听起来可能有点"高大上"，但其实它与我们每天接触到的内容息息相关。无论是 AI 生成的文章，还是人类作家的笔触，都在无形中影响着我们的价值观和行为方式。那么，AI 和人类在道德和伦理上的差异到底体现在哪里呢？

（一）什么是写作中的道德和伦理考量

首先，我们需要明确什么是写作中的道德和伦理考量。简单来说，这些考量涉及内容的真实性、是否存在偏见、是否侵犯隐私、是否传播有害信息等。例如，当你读到一篇新闻报道时，你希望它是真实的，公正的，不夹带个人偏见的；当你读到一篇小说时，你希望它不会传播歧视性的观念，或者煽动仇恨。

对于人类作家来说，这些道德和伦理问题通常源自个人的价值观、社会规范以及文化背景。作家会根据自己的良知和社会责任感来筛选和呈现内容。而对于 AI 来说，情况就复杂得多。AI 本身没有价值观和情感，它只是根据训练数据和算法来生成内容。因此，AI 在处理道德和伦理问题时，更多依赖设计者和使用者的指引。

（二）AI 在道德和伦理考量上的挑战

1. 偏见的无意识传递

AI 生成内容的质量高度依赖训练数据。如果训练数据中存在偏见，AI 生成的内容很可能会无意中传递这些偏见。例如，某些职业在训练数据中主要由某一性别或种族的人担任，AI 可能会在生成相关内容时倾向于这种刻板印象。这种无意识的偏见传递，可能会加剧社会中的不平等和歧视问题。

2. 缺乏道德判断力

人类在写作时，会基于自己的道德观念和伦理判断来决定是否表达某些观点或信息。而 AI 则缺乏这种内在的道德判断力。它不会"觉得"某些内容不合适，而是根据算法生成。因此，AI 可能会在不知不觉中生成有害或不恰当的内容，给读者带来负面影响。

3. 责任归属模糊

当 AI 生成的内容出现问题时，责任的归属往往会变得模糊。是开发者的责任，还是使用者的责任？这种责任归属的不清晰，可能导致在出现伦理问题时难以追责，进一步加剧了大众对 AI 写作的担忧。

4. 隐私保护的挑战

AI 在生成内容时，可能会无意中泄露个人隐私信息，尤其是当它从大量数据中学习到敏感信息时。这不仅侵犯了个人隐私权，也可能引发法律纠纷，带来严重的后果。

（三）人类作家在道德和伦理考量上的优势

1. 内在的道德指南针

人类作家拥有内在的道德指南针，能够基于自己的价值观和社会责任感来判断内容的适当性。这种内在的道德意识，使人类在创作过程中能够自觉地避免有害或不道德的内容。

2. 文化和情感的敏感度

人类作家对文化和情感有更深的理解和敏感度,能够更好地把握读者的情感需求和社会规范。这使得他们在处理复杂的道德和伦理问题时,更加得心应手,能够避免因文化差异或情感误判而产生的问题。

3. 主动的自我审查

人类作家在写作过程中,通常会进行自我审查,主动过滤掉不合适的内容。这种自我约束能力,是 AI 所欠缺的,也是人类在道德和伦理考量上的一大优势。

4. 责任感和社会责任

人类作家通常具有强烈的责任感,意识到自己的文字对社会和读者的影响。这种责任感驱使他们在创作时更加谨慎,确保内容的真实性、公正性和积极性。

(四)如何弥补 AI 在道德和伦理考量上的不足

尽管 AI 在道德和伦理考量上存在诸多挑战,但通过合理的设计和使用,我们可以在一定程度上弥补这些不足。

1. 多样化和公平的训练数据

确保 AI 训练数据的多样性和公平性,是减少偏见传递的重要一步。通过引入更多元化的训练数据,可以减少 AI 生成内容中的偏见,提升内容的公正性和包容性。

2. 伦理审核和内容过滤

在 AI 生成内容的过程中,加入伦理审核和内容过滤机制,可以有效避免有害或不恰当的内容被输出。例如,通过关键词过滤、情感分析等技术手段,自动识别并屏蔽不符合伦理规范的内容。

3. 透明的责任机制

建立透明的责任机制,明确 AI 生成内容的责任归属,是解决责任模糊问题的关键。无论是开发者、使用者,还是平台,都应明确各自的责任,确保在出现问题时能够及时追责和解决。

4. 隐私保护措施

在 AI 写作中，严格的隐私保护措施是必不可少的。通过数据匿名化、加密存储等技术手段，确保个人隐私信息不被泄露，保障用户的隐私权。

5. 人机协作

将 AI 与人类作家结合，发挥各自的优势，是提升内容道德和伦理水平的有效方式。AI 可以协助完成内容生成，而人类作家则负责审核和调整，确保最终内容符合道德和伦理规范。

（五）实际案例分析

让我们来看两个实际案例，来更直观地理解 AI 与人类在道德和伦理考量上的差异。

案例一：新闻生成中的偏见问题

某新闻机构采用 AI 生成新闻报道，结果发现，AI 在报道某一事件时，频繁使用带有偏见的语言，甚至在无意中加深了某一群体的负面形象。经过调查发现，这是因为 AI 的训练数据中存在大量带有偏见的报道，导致 AI 在生成内容时也继承了这些偏见。

人类作家的处理方式：在同样的情境下，人类记者会通过多方核实信息，避免使用带有偏见的语言，并主动寻求多元化的观点，确保报道的公正性和客观性。

案例二：小说创作中的伦理挑战

一位作家在创作一部小说时，涉及敏感的社会议题，如种族歧视和性别平等。作家基于自身的道德观念，谨慎地处理这些议题，避免传播不良信息。

而如果同样的内容由 AI 生成，可能会因为缺乏伦理判断，产生不当的描述，甚至煽动仇恨情绪。

这两个案例清晰地展示了 AI 与人类在道德和伦理考量上的显著差异，也提醒我们在使用 AI 进行内容生成时，必须高度重视这些问题。

（六）未来展望：人类与 AI 写作的共生之路

面对 AI 在道德和伦理考量上的挑战，我们不能选择回避，而是要积极探索解决之道。未来，随着技术的不断进步和伦理规范的逐步完善，AI 写作与人类写作将能够实现更好的共生。

1. 伦理规范的制定

政府、行业协会和企业应共同制定 AI 写作的伦理规范，明确 AI 生成内容的底线和标准。这些规范不仅要涵盖内容的公正性和真实性，还要考虑隐私保护、责任归属等多方面的问题。

2. 教育与培训

提升开发者和使用者的伦理意识，是确保 AI 写作符合道德规范的重要环节。通过教育和培训，增强他们对伦理问题的敏感度和解决能力，推动 AI 写作朝着更加健康和负责任的方向发展。

3. 技术创新

技术本身也在不断进步，新的算法和方法可以帮助 AI 更好地理解和遵守伦理规范。例如，通过引入情感分析、伦理推理等技术手段，可以提升 AI 在内容生成过程中的伦理判断能力。

4. 人机协作的新模式

未来的人机协作模式，将更加注重发挥各自的优势，形成互补。AI 负责高效、准确地生成内容，而人类则负责审核和优化，确保内容的道德性和伦理性。这种协作模式，将为内容创作带来前所未有的效率和质量提升。

道德和伦理考量，是 AI 写作与人类写作之间的一个重要差异。AI 在内容生成上的高效和多样性固然令人兴奋，但其在道德和伦理上的不足，也提醒我们在享受科技带来便利的同时，不能忽视潜在的风险和挑战。通过多方努力，我们有理由相信，未来的 AI 写作将能够在道德和伦理的引领下，走上一条更加健康、负责任的发展之路。

"科技赋能写作，人性守护心灵；在 AI 的笔尖下，伦理与道德永不缺席。"

情感炼金术：从代码到共情

02

个人经历植入

故事化表达方法

还记得小时候,我们都爱缠着长辈讲故事。为什么故事总能让人如此着迷?因为故事是人类最原始、最有力的沟通方式。在 AI 写作时代,掌握故事化表达方法,就像给机器注入了一颗会讲故事的心。

(一)为什么要用故事化表达

想象一下,你面前放着两篇文章:一篇是干巴巴的数据分析,另一篇是一个生动的故事。毫无疑问,大多数人会选择后者。故事化表达就像给枯燥的内容穿上了一件漂亮的外衣,让读者不知不觉就被带入情节中。

(二)故事化表达的核心要素

1. 主角设定

选择一个鲜活的主角至关重要。可以是真实的人物,也可以是虚构的角色,关键是要让读者能够产生共鸣。比如写理财文章时,与其说"大家应该及早储蓄",不如讲述"25 岁的小张如何通过每月存钱实现买房梦想"的故事。

> **提示词示例：**
> 请写一个关于 25 岁的小张，通过每月存钱实现买房梦想的故事，突出他的坚持和挑战。

2. 情节设计

好的故事需要有起承转合。开头要吸引眼球，中间要制造悬念，结尾要有意想不到的转折或温暖人心的结局。就像做菜要有层次感，故事也需要情节跌宕起伏。

> **提示词示例：**
> 描述小张在储蓄过程中遇到的三个主要挑战，以及他如何克服这些困难，最终实现买房梦想的过程。

3. 场景描写

细节决定成败。通过具体的场景描写，让读者仿佛身临其境。比如描写"她坐在办公室加班"，不如写"她望着窗外的月光，听着键盘敲击声，咖啡杯里的最后一口早已凉透"。

> **提示词示例：**
> 描述小张在月光下加班的场景，突出他对未来的憧憬和当前的努力。

（三）如何运用故事化表达

1. 开场要抓人

第一句话就要抓住读者。可以用一个悬念、一个问题或一个令人意外的场景。比如："当我第一次用 AI 写作时，竟然闹出了一个大笑话……"

> **提示词示例：**
> 以一个引人入胜的开场，描述你第一次使用 AI 写作的有趣经历，吸引读者继续阅读。

2. 冲突要真实

故事需要冲突，但要贴近生活。可以是内心挣扎、现实困境或人际矛盾。这些冲突越贴近读者的日常经历，共鸣感就越强。

> **提示词示例：**
> 在故事中加入小张在储蓄过程中面临的家庭压力和工作压力，突出他的内心挣扎。

3. 细节要生动

细节决定成败，这句话用在讲故事上也特别合适。丰富的细节描写，能让你的故事更加生动形象，更容易引起读者的共鸣。

比如，你想写一篇关于旅行的文章，与其泛泛而谈"风景很美"，不如具体描述一下你看到的景象："夕阳西下，金色的阳光洒在雪山上，仿佛给山峰披上了一层金色的纱衣，美得令人窒息。"

> **提示词示例：**
> 请详细描写小张在月光下加班的场景，突出环境的细腻变化和他的情感波动。

再比如，你想分享一个克服困难的经历，与其简单地说"我感到很沮丧"，不如描述一下你当时的心理活动和生理反应："我的心像被一块巨石压着，喘不过气来，手心也开始冒汗……"

这些细节描写，能让读者仿佛身临其境，感受到你的喜怒哀乐，从而与你产生情感共鸣。

4. 巧用修辞

适当运用比喻、拟人、排比等修辞手法，能让你的故事更加生动有趣，更具感染力。这些修辞手法能够为文字增添色彩，让读者更容易记住你的故事。

- 比喻：通过类比，让抽象概念具象化。例如，表达学习的重要性时，可以说："学习就像一颗种子，只有不断地汲取养分，才能茁壮成长。"
- 拟人：赋予事物以人的特性，让语言更具温度。例如，表达时间宝贵时，可以说："时间就像一个顽皮的孩子，在你玩耍的时候，它悄悄地溜走了。"
- 排比：通过重复的句式，强化表达效果。例如，表达坚持的重要性时，可以说："坚持是成功的基石，坚持是希望的灯塔，坚持是梦想的翅膀。"

5. STAR 法则，让你的故事闪闪发光

STAR 法则并非追星族的专属，它在讲故事方面也超级好用！STAR 分别代表：

- S（Situation，情境）：交代故事发生的背景，包括时间、地点、人物等，就像电影开场，得先让观众了解故事的舞台在哪儿。比如，在写一篇关于时间管理的文章时，可以先描述自己曾经是如何被最后期限追着跑，焦头烂额的。
- T（Task，任务）：说明你当时面临的挑战或目标是什么。还是举个时间管理的例子，你的任务就是要在一个星期内完成一个难度很大的项目。
- A（Action，行动）：详细描述你采取了哪些行动来应对挑战。比如，你开始尝试各种时间管理方法，如番茄工作法、四象限法则等，并详细描述你是如何实践的。
- R（Result，结果）：展示你的行动最终带来了什么结果。例如，你不仅按时完成了项目，还提高了工作效率，甚至还有时间去放松一下。

用 STAR 法则讲故事，逻辑清晰，重点突出，读者很容易就能理解你的经历，并从中获得启发。

（四）常见误区及解决方案

1. 故事过于复杂

> **解决方法：**
> 保持故事简单清晰，一个故事最好只表达一个核心观点。
>
> **提示词示例：**
> 写一个简单的故事，突出小张通过每月存钱实现买房梦想的过程，不

要加入过多的次要情节。

2. 细节堆砌过多

   解决方法：
   选择最能突出主题的关键细节，适度即可。

   提示词示例：
   描述小张储蓄的关键细节，如每月存钱的具体金额和他如何调整生活开支。

3. 情节脱离主题

   解决方法：
   时刻谨记故事是为了服务于主题，而不是为讲故事而讲故事。

   提示词示例：
   确保所有情节都围绕小张的储蓄和买房目标展开，不添加无关的情节。

（五）实践建议

1. 建立故事库

平时多收集生活中的小故事，它们都是很好的素材。

✍ 实操示例

使用AI工具创建一个故事库，输入关键词如"储蓄""买房""挑战"，让AI帮你整理相关的生活故事。

2. 练习改写

尝试把一个普通的事实陈述改写成故事形式。这不仅能提升你的写作能力，还能让AI更好地理解你的写作风格。

> **✐ 实操示例**
>
> 原句：
> 储蓄可以帮助实现买房梦想。
>
> 改写后：
> 每个月，小张把工资的一部分存进储蓄账户，梦想着有一天能站在自己温暖的新家门前。

3. 注意节奏

控制故事的节奏，该快时快，该慢时慢，让读者跟着情节起伏。

> **✐ 实操示例**
>
> 让 AI 生成一个情节，并根据需要调整快慢，比如在高潮部分增加细节描写，提升紧张感。

（六）AI 在故事化表达中的应用

1. 修改提示词以优化 AI 生成内容

有时候，AI 生成的故事可能不够贴切或情感不足。此时，你需要调整提示词，让 AI 更好地理解你的需求。

> 原提示词：
> 写一个关于储蓄的故事。
>
> 修改后的提示词：
> 写一个关于 25 岁的小张，通过每月存钱实现买房梦想的故事，突出他的坚持、遇到的困难以及最终的成功，情感表达要真挚。

2. 识别并修正 AI 生成的问题

AI 生成的内容有时会出现逻辑不清、情感表达不足或细节欠缺的问题。识别这些问题后，给出具体的修正命令。

问题：情节发展过于平淡。

修正提示词：
在小张的储蓄过程中加入一个意外的开支事件，比如突发的医疗费用，突出他如何应对。

问题：情感表达不够。

修正提示词：
描述小张在面对储蓄压力时的内心独白，突出他的焦虑与坚定。

问题：细节描写不足。

修正提示词：
增加更多关于小张日常生活的细节描写，比如他如何精打细算，每天早晨坚持跑步来缓解压力。

3. 人工干预与 AI 的协作

尽管 AI 在生成内容方面非常强大，但人工的审校和润色是必不可少的。通过结合 AI 生成的初稿和你的修改，能够打造出更具人情味的故事。

✍ **实操示例**

初稿生成：
小张每个月存钱买房，经历了许多困难，最终实现了目标。

修改与润色：
小张每个月坚持存钱，尽管遇到了突如其来的医疗费用和工作上的压力，但他从未放弃。每天清晨，他都会早起跑步，清理思绪，为实现买房梦想不断努力。终于，在坚持了五年后，小张站在新家的门前，感受着梦想成真的喜悦。

（七）实操案例：AI 与人类的完美协作

让我们通过一个具体的例子，看看如何将以上技巧应用到实际写作中。

> **步骤一：设定目标。**
> 目标：写一个关于如何通过每月存钱实现买房梦想的故事，突出情感和坚持。
>
> **步骤二：设计提示词。**
> 请写一个关于 25 岁的小张，通过每月存钱实现买房梦想的故事。故事要包含他面临的挑战、内心的挣扎以及最终的成功，情感真挚，细节生动。
>
> **步骤三：生成初稿。**
> AI 生成：小张每个月都在努力存钱，希望能买到自己的房子。他遇到了很多困难，但他从未放弃。最终，他实现了自己的梦想。
>
> **步骤四：识别问题。**
> 初稿过于简单，缺乏细节和情感。
>
> **步骤五：修改提示词。**
> 请详细描述小张每月存钱买房的过程，加入具体的挑战，如突发的医疗费用和工作压力，描写他的内心挣扎和坚持，以及他如何最终实现买房梦想。情感真挚，细节生动。
>
> **步骤六：生成修正稿。**
> AI 生成：小张每个月都坚持存钱，心中怀揣着买房的梦想。然而，生活并不总是那么顺利。一笔突如其来的医疗费用让他的储蓄计划陷入困境，而工作上的压力也让他感到筋疲力尽。尽管如此，小张并没有

放弃。他每天早起跑步，清理思绪，严格控制开支，甚至兼职增加收入。五年后，小张终于站在了新家的门前，回想着这一路的艰辛与坚持，心中充满了成就感和喜悦。

步骤七：人工润色。
虽然 AI 生成的修正稿已经有了不少细节和情感，但我们还可以进一步润色，让故事更加生动。

润色后：小张每个月都坚持将一部分工资存入储蓄账户，心中怀揣着买房的梦想。然而，生活的风浪并未停歇。某天，父亲突发疾病需要紧急手术，巨额的医疗费用瞬间打乱了他的储蓄计划。与此同时，工作上的压力也日益增加，常常让他感到筋疲力尽。但小张并未被打倒。他每天清晨早起跑步，用运动来缓解压力；晚上加班后，他还兼职做自由职业，努力增加收入。每当感到疲惫时，他都会想起那个梦想中的家，给自己打气。五年后的一个阳光明媚的下午，小张终于站在了新家的门前，回想这一路的艰辛与坚持，心中充满了无比的成就感和喜悦。

通过这种 AI 与人类的协作，我们不仅高效地生成了一个有温度的故事，还确保了情感的真实与细腻。这正是 AI 写作与情感注入技巧完美结合的力量。

在 AI 写作时代，故事化表达就像是一座桥梁，连接着冰冷的数据与温暖的人心。它能让 AI 生成的内容变得更有温度，更容易打动人心。

记住，好的故事不在于有多曲折，而在于有多真实；不在于有多华丽，而在于有多打动人心。

"故事是思想的外衣，是情感的载体，更是心灵的桥梁；一个好故事，能让真理插上翅膀，飞入人心。"

经验分享技巧

说到经验分享,你可能会觉得"不就是把自己经历过的事情说出来吗?有什么难的?"可实际上,要把经验分享得既生动又有价值,还真是一门学问呢!想想看,你读文章的时候,是不是更喜欢那种作者现身说法,分享自己亲身经历的文章?因为这样的文章更真实,更接地气,也更容易引起共鸣。同样的道理,在 AI 写作中,融入你的经验,就像给菜里加了秘密调料,瞬间提升了整篇文章的"口感"和吸引力。

那么,到底怎么把自己的经验融入到 AI 生成的内容中呢?让我们一起来解锁那些让经验分享更打动人心的小技巧吧!

1. 从"我"开始,但不止于"我"

分享经验的时候,"我"确实是最好的切入点。但请记住,读者更关心的是"这对我有什么用"。比如,与其说"我通过这个方法成功减肥了 20 斤",不如说"当时和你一样对减肥很苦恼的我,通过以下方法找到了突破口……"。把自己的经历当作引子,让读者能在你的故事中看到自己的影子。

> **如何用 AI 实现:**
> 在撰写这样的内容时,你可以给 AI 一个明确的提示词,比如:请以第一人称叙述一个减肥成功的故事,开头要引起读者的共鸣。

> ✎ **实 操 示 例**
>
> **提示词:**
> 请写一段关于我如何通过每天晨跑减掉 15 斤的故事,开头要让读者感受到我和他们有相同的减肥困扰。

> **AI 生成内容：**
> 当我和你一样，对减肥感到束手无策时，每天的晨跑成了我唯一的坚持。起初，睁开眼睛的那一刻，身体的每一个细胞都在抗议，但坚持了一个月，我惊喜地发现体重一点点减掉了 15 斤。

2. 具体化是关键

经验分享最怕泛泛而谈。就像煮一锅菜，光说"适量盐"没人学得会，但如果说"一茶匙盐"，立刻就清晰多了。分享经验时，要把抽象的概念具体化：

- 时间要精确：不说"很久"，说"三个月"。
- 数据要明确：不说"很多"，说"至少 50 次"。
- 步骤要清晰：不说"慢慢来"，说"分三步走"。

> **如何用 AI 实现：**
> 在编写内容时，指导 AI 提供具体的细节。例如：请描述我在三个月内每天学习英语一小时的方法，包括具体的时间安排和学习步骤。

✎ 实操示例

> **提示词：**
> 写一段关于我如何在三个月内通过每天一小时学习英语提升口语的具体方法。

> **AI 生成内容：**
> 在过去的三个月里，我每天早晨 7 点到 8 点坚持学习英语。我首先花 15 分钟背诵单词，然后用 30 分钟观看英语视频，模仿发音。最后的 15 分钟，我进行口语练习，与语言伙伴进行对话。这种精准的时间安排，让我的英语口语能力显著提升。

3. "痛点-解法-效果"三部曲

好的经验分享应该像讲一个小故事：

-痛点：先说遇到的问题，让读者产生共鸣。

-解法：再说解决方法，具体到可操作。

-效果：最后说取得的效果，给读者希望。

> **如何用 AI 实现：**
> 利用清晰的结构指导 AI 写作。例如：请按照"痛点-解法-效果"的结构，描述我如何克服拖延症。

✎ 实 操 示 例

> **提示词：**
> 用"痛点-解法-效果"的结构，写一段关于我如何克服拖延症的经历。
>
> **AI 生成内容：**
> 曾经，我总是无法按时完成任务，拖延成了我的最大痛点。这不仅影响了工作效率，还让我感到无比焦虑。为了解决这个问题，我开始使用时间管理工具，将大任务分解成小步骤，并设定具体的截止时间。经过两个月的坚持，我不仅按时完成了所有任务，还找回了工作的乐趣和自信。

4. 用细节打动人心

记住，魔鬼藏在细节里，感动也是。比如分享克服拖延症的经验，不妨这样说："那天凌晨两点，我又一次对着空白的文档发呆，旁边的咖啡已经凉了。就在这时，我想到了一个小妙招……"这样的细节描写能让读者身临其境。

> **如何用 AI 实现：**
> 要求 AI 加入具体的场景和细节。例如：请在描述我克服拖延症的过程中，加入具体的时间、地点和情感细节。

> **✍ 实操示例**
>
> **提示词：**
> 写一段关于我在凌晨两点克服拖延症的具体经历，加入环境和情感细节。
>
> **AI 生成内容：**
> 那天凌晨两点，房间里静悄悄的，我独自坐在书桌前，对着空白的文档发呆。窗外的城市灯火通明，而我手中的咖啡已经凉了。就在这时，我突然想到了一个小妙招：设置五分钟的倒计时，强迫自己开始写作。这个简单的策略，瞬间打破了我的拖延怪圈。

5. 承认不足显真实

完美的经验分享反而显得不真实。适当展示自己的失败和困惑，反而会增加可信度。比如："刚开始我也走了不少弯路，第一周就放弃了三次，但……"这种真实的分享更容易获得读者的信任。

> **如何用 AI 实现：**
> 引导 AI 在内容中加入真实的困难和挫折。例如：请描述我在减肥过程中遇到的挑战以及如何克服它们。

> **✍ 实操示例**
>
> **提示词：**
> 写一段关于我在减肥初期遇到的困难以及如何克服这些困难的经历。
>
> **AI 生成内容：**
> 刚开始减肥时，我每天的晨跑常常因为疲倦而放弃。第一周，我就因为天气寒冷和意志力不足，放弃了三次。然而，我没有气馁，而是调整了计划，选择在家里做瑜伽，并逐渐增加运动量。经过坚持，慢慢地，我不仅克服了最初的困难，还成功减掉了 15 斤。

6. 互动式分享更有效

在分享经验时，不妨设置一些互动点：

-提问："你是否也遇到过这样的情况？"

-邀请："不妨试试这个方法。"

-预设："我猜你现在可能会问……"

> **如何用 AI 实现：**
> 让 AI 在内容中加入互动元素，如问题或引导读者反思。例如：请在分享我的减肥经验时，加入一些引导读者思考的问题。

✍ **实操示例**

> **提示词：**
> 写一段关于我减肥成功的经历，并加入几个引导读者思考的问题。
>
> **AI 生成内容：**
> 当我终于在三个月内减掉 15 斤时，我常常回想起最初的挣扎。你是否也曾在追求目标的路上感到迷茫？你是否想过，是什么驱使你坚持下去？通过设定小目标和奖励机制，我找到了属于自己的动力源泉。或许，你也可以试试这些方法，看看它们是否适合你。

7. 总结经验要有"抓手"

好的经验分享应该让读者看完就能行动。可以用以下方法：

-三步法则：把经验总结为三个关键步骤。

-口诀法：用朗朗上口的话总结要点。

-清单法：制作具体的行动清单。

8. 情感共鸣很重要

分享经验不是在写技术说明书，要带着感情：

-分享困惑时的焦虑。

-描述尝试时的忐忑。

-表达成功时的喜悦。

9. 挖掘你的"宝藏"经验

每个人都有自己独特的经历和感悟,这些都是你写作的宝藏!想想你生活中遇到的各种事情,无论是成功的喜悦,还是失败的教训,无论是工作上的挑战,还是生活中的琐事,都可以成为你写作的素材。

比如,你想写一篇关于时间管理的文章,AI 可能会生成一些普普通通的技巧,像"制定计划""设定优先级"等。但如果你结合自己的经验,比如你曾经因为拖延症差点错过一个重要的截止日期,后来是如何痛定思痛,用番茄工作法逆袭的故事,是不是就更生动、更有说服力了?

10. 与主题相关,别跑题

分享经验是为了让你的内容更丰富、更具说服力,但一定要与主题相关,别跑题!如果你的文章是关于如何选择合适的宠物,你却开始大谈特谈你小时候养蚕的经历,那就有点牛头不对马嘴了。

11. 化经验为技巧,授人以渔

分享经验的目的不仅仅是讲述你的故事,更重要的是要将你的经验转化为可操作的技巧,让读者也能从中受益。

比如,你分享了你克服拖延症的经验,除了讲述你自己的故事,还可以总结出一些具体的技巧,比如如何设定目标、如何分解任务、如何利用工具等,这样才能真正帮助到读者。

> **如何用 AI 实现:**
> 指引 AI 在分享经验的同时,总结出具体的技巧和步骤。例如:在描述我克服拖延症的经历后,总结出三条实用的技巧。

✎ 实 操 示 例

> **提示词:**
> 描述我如何克服拖延症的经历,并总结出三条具体的实用技巧。

AI 生成内容：

通过每天设定固定的学习时间和分解任务，我成功克服了拖延症。以下是我总结的三条实用技巧：

-设定明确的目标：将大任务拆分成小步骤，每完成一个小目标都会增强你的成就感。

-使用时间管理工具：利用 App 或日历来规划你的时间，确保每项任务都有具体的时间安排。

-奖励自己：完成任务后，给自己一个小奖励，比如喝一杯喜欢的咖啡，保持积极的动力。

12. 保持真诚，避免炫耀

分享经验是为了与读者产生共鸣，而不是为了炫耀自己。要真诚地分享你的经历和感悟，避免让人感觉你在"凡尔赛"。

记住，你的经验是你的财富，但更重要的是，它可以成为帮助他人的桥梁。用真诚的态度分享你的经验，才能真正打动人心。

真诚是最好的调味剂。过度包装的经验分享反而会让人觉得做作。用心讲述，以真动人，才能让你的经验分享既有价值又有温度。

如何用 AI 实现：

指导 AI 在表达时保持谦逊和真诚，避免夸大其词。例如：请以真诚的语气，描述我如何通过每天晨跑来减肥，并避免任何炫耀的语句。

✍ 实操示例

提示词：

用真诚的语气写一段关于我通过晨跑减肥的经历，避免任何炫耀的内容。

AI 生成内容：

通过每天的晨跑，我减掉了 15 斤。这段时间并不容易，很多时候我也想放弃。但坚持下来后，我不仅看到了体重的变化，也感受到了身体和心情的改善。希望我的经历能给正在努力的你一些鼓励。"

"经验是别人的地图，但脚步必须自己走；分享经验不是炫耀，而是为他人点亮前行的灯。"

场景还原手法

还记得小时候听妈妈讲故事时的情景吗？她总是能把一个简单的故事讲得绘声绘色，让我们仿佛置身其中。这就是场景还原的魅力。

在 AI 写作中，场景还原手法是一种强有力的工具，能够让读者仿佛亲临其境，感受到文字背后的真实情感。这种手法不仅能够增强文章的代入感，还能有效地传达作者的情感和观点。那么，如何在 AI 写作中巧妙地运用场景还原手法呢？让我们一起来探讨。

（一）什么是场景还原手法？

简单来说，场景还原手法就是通过详细描绘特定的环境、人物和事件，使读者能够在脑海中"看到"你所描述的情景。这不仅仅是简单的描述，更是通过多感官的细节，让读者亲临其境，感同身受。

假设你在讲述一次美妙的旅行经历。如果你只是简单地说"我去了海边，天气很好"，读者可能会觉得有些单调和乏味。但如果你运用场景还原手法，详细描述海浪拍打沙滩的声音、海风拂过脸颊的感觉、夕阳染红天际的美景，读者不仅能够"看到"画面，还能"感受"那份宁静与美好。

（二）场景还原手法的关键要素

1. 细节描写

细节是场景还原的核心。通过具体、真实的细节描写，可以让读者更容易在脑海中构建出完整的画面。例如，不仅要描述花园，还要描述花园里花的种类、颜色、香味，甚至是花瓣在微风中轻轻摇曳的姿态。

2. 多感官体验

不仅仅是视觉上的描绘，还包括听觉、嗅觉、触觉、味觉等多种感官的体验。例如，在描述一顿丰盛的晚餐时，不仅可以描绘菜肴的色香味，还可以描述餐桌上的温度、餐具的触感，以及背景音乐的旋律。

3. 时间与节奏

场景的时间感和节奏感也很重要。是清晨的第一缕阳光，还是夜晚的宁静时刻？是匆忙的步伐，还是悠闲的漫步？通过时间和节奏的把控，可以更好地传达出场景的氛围和情感。

4. 人物互动

场景中的人物互动能够增加故事的生动性和真实性。描述人物的表情、动作、对话，可以让场景更加立体和有趣。例如，描述朋友间的欢笑声、彼此之间的眼神交流，能够更好地传达出彼此之间的情感联系。

（三）如何在 AI 写作中应用场景还原手法

1. 利用 AI 生成细节

AI 写作工具可以帮助你生成丰富的细节描述。你可以输入一些基本的场景信息，AI 会根据上下文补充相关的细节。例如，输入"海边的日出"，AI 可能会生成关于海浪、阳光、海鸥等的细节描写，让场景更加生动。

2. 结合模板和随机生成

为了避免场景描述过于单一，可以结合模板和随机生成的方法。先设计一些场景描述的模板，然后让 AI 根据不同的关键词随机生成细节。这不仅提高了写作效率，还能保证场景描述的多样性和新鲜感。

3. 互动式写作

在 AI 写作过程中，可以采用互动式的方法，不断调整和优化场景描述。根据读者的反馈和自己的感受，实时修改和完善细节，使场景更加贴近读者的需求和期望。

4. 情感驱动的场景构建

场景还原不仅仅是描绘环境，更是传达情感的重要手段。在构建场景时，始终围绕着你想要表达的情感进行设计。无论是欢快、悲伤、紧张还是宁静，通过场景的细节和氛围，巧妙地传递出你内心的情感。

（四）实例解析

让我们通过一个具体的例子，来看看场景还原手法是如何在 AI 写作中运用的。

> **示例场景：**
> 一个人独自走在秋天的公园里。
>
> **简单描述：**
> 我一个人走在秋天的公园里，天气有些凉。
>
> **场景还原手法：**
> 秋天的午后，阳光透过稀疏的树叶洒在蜿蜒的小径上。我独自一人，脚步声在落叶堆中回荡。微风轻拂，带来阵阵桂花的香气，夹杂着干燥树叶的味道。远处的湖面泛起微波，几只鸭子悠闲地游弋。天空湛蓝，几朵白云悠然飘过，仿佛时间也在这宁静的午后慢了下来。

通过加入更多细节和多感官的描写，场景变得更加生动和具象，让读者仿佛亲临其境，感受到那份宁静与美好。

（五）场景还原手法的应用技巧

1. 选择关键细节

在场景描写中，并不需要把所有细节都描绘出来，而是要选择那些最能传达情感和氛围的关键细节。这样不仅能避免文字冗余，还能更有效地抓住读者的注意力。

2. 合理运用比喻和拟人

比喻和拟人等修辞手法可以让场景描写更加生动。例如,"树叶在秋风中翩翩起舞"比"树叶在风中摇动"更具画面感和动感。

3. 动态与静态结合

场景描写中,动态和静态的结合能够增加层次感和丰富性。描述静态的环境,同时加入一些动态的元素,使场景更具活力。例如,描述一座古老的庭院,可以描绘院子里静态的石桌石凳,同时描述孩子们在草地上嬉戏的欢笑声。

4. 情感贯穿始终

无论是描绘欢快的场景还是悲伤的环境,保持情感贯穿始终。通过场景的细节和氛围,传递出你想要表达的情感,让读者与之产生共鸣。

(六)场景还原手法的常见误区

1. 过度描写

有时候,为了追求细节的丰富,容易导致过度描写,文字显得冗长和拖沓。要注意把握好细节的分寸,避免让读者感到疲惫。

2. 细节不一致

场景中的细节应该保持一致和协调,避免出现前后矛盾或不符合逻辑的描述。例如,描述一个夜晚的场景,不应该突然出现白天的元素。

3. 忽视情感传达

场景描写不仅仅是环境的再现,更是情感的传达。忽视情感的表达,可能会让场景显得冷冰冰,缺乏温度。

(七)场景还原手法在不同类型写作中的应用

1. 叙事类写作

在小说或故事创作中,场景还原手法是必不可少的。通过详细的场景描写,可以增强故事的真实感和代入感，让读者更容易被情节吸引和打动。

2. 非虚构写作

在纪实文学、回忆录等非虚构写作中，场景还原手法能够帮助作者真实再现当时的情境，增强作品的说服力和感染力。

3. 商业写作

在商业文案、营销内容中，场景还原手法可以用来营造产品或服务的使用场景，让消费者更直观地感受到产品的价值和魅力。

4. 教育与科普

在教育和科普写作中，场景还原手法能够帮助读者更好地理解复杂的概念和知识，通过具体的情境，使抽象的内容变得生动有趣。

（八）实践练习

为了更好地掌握场景还原手法，以下是几道实践练习题，可以帮助你在写作中灵活运用这一技巧。

1. 选择一个日常场景

选择你日常生活中的一个场景，比如早晨的咖啡时光、夜晚的读书时刻。尝试用详细的细节和多感官的描写，将这个场景还原出来。

2. 运用五感描写

在描写场景时，尽量调动五种感官（视觉、听觉、嗅觉、触觉、味觉）。比如，在描述一顿美食时，不仅要描述食物的外观，还要描述其香气、口感、味道，以及用餐时的氛围和声音。

3. 使用比喻和拟人

尝试在场景描写中加入比喻和拟人等修辞手法，让描述更加生动形象。例如，"夕阳像一个害羞的姑娘，缓缓地藏进了地平线。"

4. 控制节奏和氛围

通过描写时间的流逝、环境的变化，来控制场景的节奏和氛围。例如，在描述一场雨中的散步时，可以通过描写雨滴打在伞上的声音、地面的湿润气息，来营造出宁静或忧郁的氛围。

（九）场景还原手法的高级技巧

1. 内心世界的融合

在场景描写中，融合人物的内心世界，可以让场景更加有深度和层次。例如，在描述一个人走在雨中的场景时，可以同时描绘他内心的感受或想法，如孤独、思考或回忆。这种内外结合的描写方式，能够使读者不仅看到场景，还能感受到人物的情感。

2. 动态叙事

将场景描写与叙事动作结合起来，使场景不仅是背景，更是推动情节发展的力量。例如，在一场紧张的追逐戏中，通过描写环境的变化，增强紧迫感和紧张氛围。这种动态叙事能够使读者更加身临其境，感受到情节的起伏。

3. 多视角描写

尝试从不同的视角来描写同一个场景，比如从主角的视角、旁观者的视角，甚至是场景本身的视角（拟人化）。不同的视角可以带来不同的情感和理解，丰富场景的层次感。

4. 隐喻与象征

通过场景中的隐喻和象征，传达更深层次的意义。例如，用枯黄的落叶象征时间的流逝，用暴风雨象征内心的动荡。这种隐喻与象征能够使场景更具深度和哲理。

"文字如画，场景如梦；用心描绘每一处细节，让情感在笔端绽放。"

情感语言运用

情感词汇的选择

在写作的海洋中,情感词汇就像是点亮夜空的星辰,指引读者穿越文字的迷雾,感受作者心中的波澜壮阔。选择恰当的情感词汇,不仅能让文章更具感染力,还能在读者心中激起共鸣的涟漪。那么,如何在浩如烟海的词汇中,挑选出最能传达情感的"璀璨星辰"呢?让我们一探究竟。

(一)情感词汇的重要性

情感词汇是写作者用来表达内心情感的工具。它们如同调色盘上的颜料,赋予文字生命的色彩。没有情感词汇,文章就如同一幅黑白画,缺乏色彩。相反,恰到好处的情感词汇能让文字充满温度,触动读者的心弦。

举个例子,当你想表达"快乐"时,单纯的"高兴"可能显得有些平淡。而"欣喜若狂""乐不可支"则更能传达出那种无比强烈的快乐感。

(二)情感词汇的分类

要有效地选择情感词汇,首先需要了解它们的分类。一般来说,情感词汇可以分为以下几类：

1. 积极正向词汇

-温暖类：温馨、暖心、舒适、温情脉脉。

-激励类：振奋人心、激情澎湃、斗志昂扬。

-赞美类：卓越、出色、完美、精彩绝伦。

2. 委婉表达词汇

-代替"不好"：有待改进、略显不足。

-代替"失败"：暂时受挫、遇到瓶颈。

-代替"问题"：待解决的课题、需要突破的环节。

3. 情感深度词汇

-思念类：魂牵梦萦、日思夜想。

-喜悦类：欣喜若狂、心花怒放。

-感动类：泪流满面、感慨万千。

每一类情感词汇都有其独特的用途，掌握它们的使用方法，能够让你的文章在情感表达上更加精准和丰富。

（三）如何选择适当的情感词汇

选择合适的情感词汇，并不仅仅是挑选几个华丽的词语堆砌在一起，而是要根据具体的写作场景和目标受众，进行有针对性的选择。

1. 定位文本主题和目标受众

不同的主题和受众，对情感词汇的需求也不同。比如，在写一篇关于励志的文章时，使用"坚定""勇敢""奋发"这样的积极词汇，能够激励读者；而在描写一段悲伤的故事时，"凄凉""痛苦""绝望"等词汇则更为贴切。

同时，了解目标受众的情感偏好和接受程度，也能帮助你更好地选择合适的词汇。例如：

-面向青少年：活力四射、超级棒、太赞了……

-面向职场人：专业可靠、极具价值、效果显著……

-面向老年群体：温馨舒适、平和安宁、其乐融融……

2. 平衡情感表达的强度

情感词汇的强度也是一个需要考虑的因素。过于强烈的情感词汇，可能会让读者感到夸张或不真实；而过于平淡的词汇，又难以传达出真实的情感。

比如，在描述"愤怒"时，"有点生气"显得情感不足，而"怒不可遏"则传达出强烈的愤怒感。选择合适强度的词汇，能够让情感表达更为真实和可信。

3. 避免过度情感化

虽然情感词汇能够增强文章的感染力，但过度使用可能会适得其反，导致读者产生审美疲劳，甚至质疑作者的真诚。因此，在使用情感词汇时，要注意适度，避免堆砌和夸张。

一个好的写作者，懂得在关键时刻用情感词汇点亮文字，而在其他部分保持平衡，让情感表达更加自然和流畅。

4. 场景匹配原则

根据不同的场景选择合适的情感词汇。在商务场合，应选择专业稳重的词汇，如"深表认同"而非"超级喜欢"；而在生活场景中，可以活泼随意些，用"好开心"替代"甚感欣慰"。

5. 情感递进技巧

情感词汇也要讲究层次感，好比烹饪要讲究循序渐进。

-开始：轻松愉快→欣喜不已。

-高潮：心潮澎湃→激动万分。

-结尾：难以忘怀→终生难忘。

（四）实操案例

让我们通过一个具体的例子，看看如何结合 AI 和人工优化，选择合适的情感词汇。

> **案例：**
> 描述一个人失去亲人的悲伤。
>
> **初始提示词：**
> 写一段描述失去亲人的悲伤的文字。
>
> **AI 生成内容：**
> 他感到非常悲伤，无法接受这个事实。他每天都在哭泣，心情低落。
>
> **发现问题：**
> -情感词汇过于简单，缺乏层次感。
> -描述不够具体，情感表达不够强烈。
>
> **优化提示词：**
> 写一段描述一个人在失去亲人后的深切悲伤，情感要细腻且充满痛苦，加入具体的情景描写。
>
> **AI 优化后内容：**
> 他无法摆脱内心深处的痛苦，每当夜幕降临，孤独感如潮水般涌上心头，泪水无声地滑落，思念如同针刺般刺痛着他的心。
>
> **人工润色：**
> 他内心深处的痛苦如同无形的枷锁，难以挣脱。每当夜幕降临，孤独感如潮水般涌上心头，泪水悄然滑落，思念像锋利的针，一点一点撕裂着他的心。

通过这样的过程，我们不仅利用了 AI 的生成能力，还通过优化提示词和人工润色，确保情感表达的精准与深刻。

（五）情感词汇的多样性

在写作中，情感词汇的多样性是一个需要注意的方面。过于单一的词汇会让文章显得单调乏味，难以吸引读者的注意力。

1. 避免词汇单一化

为了保持文章的丰富性和可读性，应该避免在短时间内重复使用同一个情感词汇。比如，在一篇描述"快乐"的文章中，如果一再使用"快乐"这个词，可能会让读者感到乏味。此时，可以使用"欢喜""愉悦""幸福"等同义词。

2. 丰富表达方式

除了使用同义词，还可以通过不同的表达方式来传达同一种情感。例如，描述"悲伤"时，不仅可以使用"悲伤"这个词，还可以通过描写具体的情景、动作或心理活动，来间接表达悲伤的情感。

例子：
-直接表达：她感到悲伤。
-间接表达：她的眼泪无声地滑落，心中充满了无法言喻的痛苦。
这样的表达方式能够让情感更加立体和生动，增强读者的代入感。

（六）工具和资源

在选择情感词汇的过程中，借助一些工具和资源可以事半功倍。

1. 常用情感词汇表

市面上有许多关于情感词汇的词表和指南，可以帮助写作者快速找到合适的词汇，如各类情感词汇库、情感词典等，都是不错的参考资料。

2. 情感分析工具

现代科技的发展为情感词汇的选择提供了更多便利。情感分析工具可以通过分析文本中的情感倾向，帮助写作者了解自己使用的情感词汇是否恰当，并提供优化建议。

例如，使用自然语言处理技术的情感分析工具可以识别出文章中的情感倾向，帮助写作者调整情感词汇的使用，确保情感表达的准确性和有效性。

（七）借助 AI 优化情感词汇选择

在人工智能时代，AI 不仅能帮我们快速生成文本，还能辅助我们优化情感词汇的选择。以下是利用 AI 提升情感表达的几个步骤。

1. 修改提示词

AI 生成的文本质量很大程度上取决于提示词的设计。要让 AI 生成富有情感的内容，首先需要在提示词中明确情感的方向。例如，不仅告诉 AI "写一段描述快乐的文字"，还可以加入具体的情境和情感强度，如 "写一段描述孩子们在夏日阳光下无忧无虑玩耍的场景，情感要充沛且细腻"。

2. AI 生成内容的常见问题

尽管 AI 很强大，但生成的情感词汇有时可能会显得生硬、重复或不够精准。例如，AI 可能会频繁使用"非常""特别"等词汇，导致表达单调；或者在情感强度上存在偏差，未能准确传达预期的情感。

3. 针对问题优化提示词

当 AI 生成的内容存在问题时，我们可以通过调整提示词来进行优化。例如：

> 问题：
> 情感词汇过于重复。
>
> 优化提示词：
> 要求使用多样化的词汇，避免重复。例如，"在描述快乐时，使用至少三种不同的积极情感词汇，如'欣喜若狂''心花怒放''乐不可支'"。
>
> 问题：
> 情感表达不够细腻。

> **优化提示词：**
> 加入更多细节描述，提升情感的层次感。例如，"描写一个人在雨中等待爱人的场景，情感要细腻且充满期待"。

4. 人工干预与完善

尽管 AI 能提供强大的辅助，但最终的润色和情感把控仍需要人工介入。通过手动调整和润色，确保情感表达自然流畅。例如，AI 生成的句子"她感到非常高兴"可以改为"她的脸上绽放出灿烂的笑容，心中充满了无比的喜悦"，使情感表达更加生动具体。

"情感词汇是文字中的心跳，让每一个字都充满生命的律动。"

语气词的使用

你有没有发现，当我们和朋友聊天时，总会不自觉地加入"啊""呢""吧"这样的语气词？这些看似微不足道的助词，却能让我们的表达更加生动、亲切、有味道。在 AI 写作中，恰当运用语气词同样能让文章充满人情味，让冰冷的文字瞬间变得温暖起来。

（一）语气词的魔力

想象一下，你和朋友聊天时，只是简单地说"我去了商场"，和说"我去了商场，真的是超级好玩！"两句话的感觉是不是截然不同？后者多了一个"超级"这样的语气词，瞬间让人感受到你的兴奋与快乐。同样地，语气词在写作中也是如此，它们能够传递出作者的情感态度，让读者感同身受。

语气词不仅仅可以用来表达情感，它们还能帮助构建文章的节奏和氛围。比如，在叙述一个紧张的故事时，适当的语气词可以增加悬念；在描述一个温馨的场景时，柔和的语气词则能增强温暖的感觉。

（二）常见的语气词及其作用

语气词种类繁多，不同的语气词能传达出不同的情感和态度。以下是一些常见的语气词及其作用：

-"吧"：带有建议或推测的意味。例如，"我们一起去吧"，让人感觉轻松自然。

-"啊"：表达惊讶、疑问或感叹。例如，"真的吗？"增加了情感的波动。

-"呢"：用于疑问或继续话题。例如，"你在忙什么呢？"让对话更加流畅。

-"啦"：语气轻松，多用于缓和语气。例如，"别担心啦，一切都会好的。"

-"嘛"：带有解释或强调的意味。例如，"其实很简单嘛，你试试看。"

这些语气词虽然简短，却能在不知不觉中增强文章的情感表达，让读者感受到作者的真诚与热情。

（三）如何选择合适的语气词

选择合适的语气词，就像选择合适的配乐一样，能够提升整体的表达效果。以下几点可以帮助你在写作中更好地运用语气词：

-了解语境：不同的场景适合使用不同的语气词。比如，在描述一个温馨的家庭场景时，使用"呀""呢"会更合适；而在紧张的剧情中，使用"啊""吧"则能增加紧张感。

-保持一致性：语气词的使用应该与整体文章的语气一致。如果文章整体偏向正式，语气词的使用应适度；如果文章偏向轻松活泼，可以适当多用一些。

-避免过度使用：虽然语气词能增强表达效果，但过度使用会让文章显得啰嗦，甚至让读者感到疲惫。适度使用，才能达到最佳效果。

-考虑读者：了解你的目标读者群体，他们的语言习惯和喜好是什么，这样可以选择最能引起共鸣的语气词。

（四）AI在运用语气词时的技巧

虽然语气词是人类表达情感的自然方式，但AI在写作时如何巧妙地运用这些词，也是一个需要掌握的技巧。以下是一些实用的方法和注意事项。

1. 设计精准的提示词

为了让 AI 正确运用语气词，你需要在提示词中明确指出。例如，想要 AI 写出温馨的家庭场景，可以在提示词中加入"使用柔和的语气词，如'呢''呀'"等指示。

2. 多次迭代修改

AI 生成的文本可能会出现语气词使用不当或不足的情况。此时，可以根据需要反复调整提示词。例如，AI 生成的句子缺少语气词，可以在提示词中添加"请增加适当的语气词，使语气更亲切"。

3. 识别并解决常见问题

-语气词使用过多：AI 有时会因为过度解释而添加太多语气词，导致文章显得啰嗦。解决方法是明确指示"适度使用语气词，避免过多"。

-语气词使用不当：AI 可能在不合适的地方添加语气词，影响句意清晰。此时，可以具体指出哪些地方需要调整，例如"删除句子末尾的'呢'，因为这是陈述句"。

4. 人工干预与优化

尽管 AI 在语气词的运用上越来越聪明，但有时候仍需人工调整以达到最佳效果。可以在 AI 生成初稿后，手动检查并修改语气词的使用，使文章更加自然流畅。

（五）语气词使用的注意事项

1. 适度原则

就像炒菜放调料一样，语气词也要适可而止。过度使用反而会显得做作，影响文章的专业性。建议在一段话中，语气词的使用频率控制在 2~3 次为宜。

2. 场合适配

正式的商务文章要谨慎使用语气词，而面向大众的科普文章则可以适当活泼一些。要根据文章的性质和目标受众来调整语气词的使用频率。

3. 情感匹配

使用语气词时要注意与文章的情感基调保持一致。比如描写悲伤的内容，就不适合使用过于轻快的语气词。

（六）实操示例

为了更好地理解如何在 AI 写作中运用语气词，以下是几个实际操作的例子。

> **示例一：温馨场景。**
>
> **提示词：**
> 写一段描述家庭聚会的文字，使用柔和的语气词，如"呢""呀"，让读者感受到温馨和谐的氛围。
>
> **AI 生成：**
> 今晚，家里灯光温暖，我们一家人围坐在一起，聊着各自的趣事呢。孩子们的笑声不断，空气中弥漫着幸福的味道呀。
>
> **示例二：紧张剧情。**
>
> **提示词：**
> 写一段描述主人公在追逐中的紧张情景，使用紧张的语气词，如"啊""吧"，增加悬念感。
>
> **AI 生成：**
> 他加快了脚步，心跳得飞快啊，前方的黑影似乎越来越近，能逃出去吗？
>
> **示例三：AI 改写与优化。**
>
> **初始提示词：**
> 写一段关于旅行的文字。

AI 初稿：
我去了海边，风景很好。我和朋友们玩得很开心。

改进提示词：
在初稿的基础上，增加适当的语气词，如"啊""吧"，使文字更生动有趣。

AI 修改后：
我去了海边，风景真的很美啊。我和朋友们玩得超开心的吧！

人工优化：
我去了海边，风景真的美极了啊。我和朋友们玩得特别开心呢！

通过这些实操示例，你可以清楚地看到如何在 AI 写作中巧妙地运用语气词，提升文章的情感表达。同时，了解 AI 在这方面可能出现的问题，并掌握相应的调整方法，也能让你的写作更加得心应手。

（七）语气词与情感的结合

语气词不仅仅是表达情感的工具，它们还能与其他情感表达手段结合，进一步增强文章的感染力。例如，结合比喻和拟人化手法，语气词可以让描述更加生动。例如，

原句：
他走进房间，看到桌上的礼物。

加入语气词和拟人化：
他走进房间，惊喜地发现桌上静静躺着一个精致的礼物呢！

这里，"呢"不仅传达了惊喜的情感，还通过"精致"一词和拟人化的描述，让礼物显得更加有吸引力，读者更容易感受到场景的温馨和惊喜。

（八）语气词的误用与避免

尽管语气词能增强文章的情感表达，但错误的使用也可能适得其反。以下是一些常见的误用及其避免方法：

-语气词不匹配：在正式场合使用过于口语化的语气词，会显得不专业。例如，在商业报告中使用"啦""吧"，会让报告失去严肃性。解决方法是根据文章的类型和受众选择合适的语气词。

-语气词过多：过多的语气词会让文章显得杂乱无章，读者难以集中注意力。建议在关键情感点适度使用，保持文章的流畅性。

-语气词使用不当：有些语气词在特定情况下使用不当，会让句子意思模糊或产生歧义。比如，在陈述句中使用"呢"，可能让句子显得不完整。要确保语气词的使用符合语境和句意。

（九）提升语气词使用技巧的小贴士

为了更好地运用语气词，以下是一些实用的小贴士：

-多读多听：多读优秀的文学作品，多听日常对话，积累常用的语气词及其使用场景。

-模仿练习：选择你喜欢的作家或演讲者，模仿他们的语气词使用，体会不同语气词带来的情感效果。

-写作练习：在写作时，尝试不同的语气词，观察它们对整体语感和情感表达的影响。

-反馈调整：将你的作品分享给他人，听取他们对语气词使用的反馈，根据反馈进行调整和优化。

"在文字的世界里，语气词是情感的桥梁，让心与心的距离不再遥远。"

情感色彩的调节

在 AI 写作的世界里，情感色彩的调节就像调配一杯完美的鸡尾酒。不同的情感成分需要精准的比例，才能让读者在品味文字的同时，感受到作者想要传达的那份情感。无论是温暖的亲情、激昂的激情，还是淡淡的忧伤，情感色彩的调节都是让文字鲜活起来的关键所在。

（一）理解情感色彩的重要性

首先，我们需要明白，情感色彩不仅仅是文字表面的"甜"或"苦"。它深入到句子的结构、词汇的选择，甚至是段落的节奏中。想象一下，同样一句"今天很开心"，如果用不同的情感色彩表达，可能会让人感受到截然不同的情绪。比如：

-喜悦："今天真是太棒了，我简直不敢相信自己的好运！"

-满足："今天过得很充实，感觉所有的努力都得到了回报。"

-兴奋："今天的经历让我激动不已，迫不及待想要分享给大家！"

通过这样的调整，情感色彩不仅丰富了文字的层次感，也增强了读者的情感共鸣。

（二）情感色彩调节的基本方法

1. 词汇选择

词汇是情感色彩的基石。选择恰当的词汇可以瞬间传递出特定的情感。例如，"伤心"可以用"泪流满面""心如刀割"来加强情感表达；"快乐"可以用"欢天喜地""乐不可支"来提升情绪。

2. 句式变化

不同的句式能营造出不同的情感氛围。短句往往传达出紧张、激动的情绪，而长句则适合表达悠闲、深沉的情感。例如：

-激动："太棒了！我终于实现了梦想！"

-沉静："在那静谧的夜晚，星光洒满了整个天空，心中升起一阵莫名的感动。"

3. 语调调整

语调的高低、快慢也会影响情感色彩的传达。欢快的语调可以让文字充满活力，而低沉的语调则能带来深沉的情感体验。

4. 修辞手法的运用

比喻、拟人、排比等修辞手法可以大大增强情感色彩。例如，比喻可以让抽象的情感具体化，增强读者的代入感；拟人化能让情感更加生动形象；排比可以增强语句的节奏感和感染力。

（三）实战技巧：如何在 AI 写作中调节情感色彩

不仅仅是手动调整，AI 也可以帮助你精准地调节情感色彩。以下是一些实用的技巧，让 AI 成为你情感表达的得力助手。

1. 设定情感目标

在开始写作之前，明确你希望传达的情感是什么。是希望读者感到温暖，还是激发他们的激情？明确的情感目标可以帮助你更好地指导 AI 进行调整。

2. 修改提示词

AI 的表现很大程度上取决于你给它的提示。要想让 AI 调节情感色彩，首先需要在提示中明确你的需求。例如：

> **原提示词：**
> 请将以下文字改得更有情感。
>
> **优化提示词：**
> 请将以下文字调整为充满温暖亲情的语调，使用柔和的词汇和长句子。

通过具体化的提示，AI 能更准确地理解你的需求，输出更符合预期的文本。

3. 应对 AI 改写中的常见问题

AI 在调节情感色彩时，有时会出现偏离主题、情感不一致或用词不当等问题。针对这些情况，可以采取以下措施：

-情感偏差：如果 AI 输出的情感色彩不符合预期，可以重新调整提示，明确需要的情感类型和强度。例如，"请将这段文字改为更加激昂的语调，使用更多积极的词汇。"

-用词不当：如果 AI 使用的词汇不够贴切，可以在提示中要求更具体的词汇选择，如"请使用更加生动的词汇来表达快乐的情感。"

-结构混乱：如果 AI 改写后句子结构混乱，可以要求 AI 保持原有的句式结构，同时调整情感色彩。

4．人工干预与优化

尽管 AI 功能强大，但有时还是需要人工进行微调。以下是一个实际操作的例子：

> **原文：**
> 今天很开心。
>
> **AI 初次改写：**
> 今天真是太棒了，我简直不敢相信自己的好运！
>
> **问题：**
> 情感过于夸张，不够真实。
>
> **优化提示词：**
> 请将这句话调整为真诚的喜悦，避免过于夸张，使用贴近生活的表达方式。
>
> **AI 优化后：**
> 今天过得很开心，感觉一切都那么顺利。
>
> **人工微调：**
> 今天心情特别好，事情都按计划顺利进行。

通过这种反复调整和优化，你可以充分发挥 AI 的优势，同时保持文字的自然和真实。

（四）案例分析：情感色彩调节的成功应用

让我们来看一个具体的案例。假设我们要写一篇关于创业的文章，目标是激励读者勇敢追梦。以下是两段不同情感色彩的描述：

> **版本一：**
> 创业的路上充满了挑战，但只要坚持不懈，成功终将属于你。

> **版本二：**
> 创业的道路如同攀登一座高峰，虽然充满了荆棘和坎坷，但每一次迈出的步伐，都是对梦想的坚定追求。无论多么艰难，只要心怀信念，成功的曙光终将照亮前行的路。

通过对比，我们可以看到，版本二在情感色彩上更加丰富和饱满。它不仅传达了挑战与坚持，还通过比喻和细节描写，增强了读者的情感共鸣，使文字更具感染力。

（五）常见问题与解决方案

1. 情感色彩过于单一，缺乏层次

解决方案：通过引入多种情感元素，如在表达喜悦时加入感恩，或在叙述悲伤时融入希望，丰富情感层次。

2. 情感表达不自然，显得生硬

解决方案：避免过度使用修辞手法，确保情感表达与内容自然契合。同时，多进行情感调节的练习，提升文字的流畅性和自然度。

3. 无法准确传达预期的情感色彩

解决方案：在写作前进行情感目标的明确设定，并通过反复修改和读者反馈，逐步调整情感表达的精准度。

（六）工具与资源推荐

1. 情感词典

利用现有的情感词典相关书籍为 AI 写作提供丰富的情感词汇支持。

2. 情感分析工具

使用情感分析工具，如百度 AI 开放平台的情感分析 API，帮助评估文本的情感色彩，并进行相应的调整。

3. 写作辅助软件

像 Grammarly 这样的写作辅助软件，虽然主要针对英文，但其情感色彩调节功能也能为中文写作提供启发。

（七）实践练习：调节情感色彩的小练习

为了帮助大家更好地掌握情感色彩的调节技巧，下面提供一个简单的练习方法。

1. 选择一段文字

选取一段你喜欢的文字，可以来自书籍、文章或自己的写作。

2. 分析情感色彩

分析这段文字传达的情感色彩，包括主要情感和次要情感。

3. 尝试调节

根据不同的情感目标，尝试修改这段文字的情感色彩。例如，将一段平淡的描述改为充满激情，或将激昂的文字调整为温暖柔和。

4. 利用 AI 辅助

将原文和调整目标输入 AI，观察 AI 的改写结果。如果不满意，调整提示词，直到达到理想效果。

5. 比较与反思

比较修改前后的文字，思考哪些调整有效，哪些需要改进，并记录下自己的感受和收获。

✍ 实操示例

原文：
下雨了，我感到有些难过。

目标情感：
将难过转为希望。

提示词：
请将这句话中的情感从难过转为希望，使用积极的词汇和句式。

AI 改写：
下雨了，但我看到雨后的彩虹，心中充满了希望。

人工微调：
下雨了，尽管有些阴郁，但我相信雨后一定会有美丽的彩虹。

通过这样的练习，不仅可以提升情感色彩调节的能力，还能加深对情感表达的理解和掌握。

"文字的力量，在于它能唤起多少心灵的共鸣。"

共鸣点设计

读者心理分析

想要写出打动人心的内容,首先要读懂读者的心。就像一位老朋友一样,我们需要先了解他们在想什么、在乎什么、困惑什么。只有深入了解读者的内心世界,才能创作出真正触动他们心弦的内容。

(一)人性化需求:渴望被理解与认同

每个人都希望被理解,这是人的基本需求。当我们在阅读时,都在寻找能让自己产生共鸣的内容。就像你现在读到这里,或许也在想:"对啊,我确实喜欢看那些能理解我的文章。"读者普遍存在以下心理特征:

-寻求认同感:希望在文章中找到与自己相似的经历或想法。
-探索自我:希望通过阅读发现内心深处的想法和感受。
-沉浸体验:渴望被带入一个真实而生动的场景或故事中。
-价值认可:期待自己的观点得到肯定。

为了让 AI 生成更具人性化的内容,我们可以在提示词中加入具体的情感描述。例如,"写一篇能够引起读者共鸣的文章,讲述他们日常生活中的小确幸"。

✍ 实操示例

初始提示词：
写一篇关于时间管理的文章。

修改提示词：
写一篇关于时间管理的文章，加入作者个人在时间管理上的挣扎和成功的故事，表达对读者的理解和支持。

（二）阅读动机：解决问题与情感慰藉

读者阅读的动机通常可以分为以下两大类。

1. 实用性需求

-寻找解决方案；

-获取新知识；

-提升能力；

-解决困惑。

2. 情感性需求

-寻求安慰；

-获得激励；

-放松娱乐；

-情感共鸣。

如何利用 AI 满足上述不同阅读动机呢？

实用性需求：明确要求 AI 提供具体的解决方案和实用建议。例如，"写一篇关于如何提高工作效率的文章，包含 5 个实用技巧和具体案例。"

情感性需求：让 AI 在内容中注入情感元素。例如，"写一篇关于克服孤独感的文章，包含感人的故事和温暖的建议。"

（三）心理特点：快速筛选与情感依附

在信息爆炸的时代，读者往往表现出以下特点：

1. 快速决策倾向

- 3秒定律：用最快的时间决定是否继续阅读；
- 标题党效应：被吸引人的标题所打动；
- 视觉优先：偏好图文并茂的内容。

2. 情感依附特征

- 喜欢有温度的文字；
- 偏好真实的故事；
- 追求情感共鸣；
- 重视作者态度。

如何利用 AI 优化内容结构以符合上述心理特点呢？

快速决策倾向：要求 AI 生成吸引眼球的标题和开头。例如，"生成一个能够在 3 秒内抓住读者注意力的标题和引言。"

情感依附特征：让 AI 融入更多情感元素和真实故事。例如，"写一篇包含个人真实故事的文章，展示作者对主题的真诚态度。"

（四）读者痛点：如何抓住核心诉求

要打动读者，就要找准他们的以下痛点。

1. 时间焦虑

- 害怕浪费时间；
- 追求效率；
- 期待干货。

2. 认知困惑

- 信息过载；

-选择困难；

-决策压力。

3. 情感需求

-孤独感；

-压力释放；

-自我认同。

如何利用 AI 精准回应上述读者痛点呢？

时间焦虑：要求 AI 提供简洁明了的内容，直击核心。例如，"写一篇关于时间管理的文章，重点突出 3 个高效技巧，每个技巧用简短的段落解释。"

认知困惑：让 AI 整理信息，提供清晰的结构。例如，"写一篇关于如何在信息过载中做出选择的文章，包含步骤清单和决策指南。"

情感需求：让 AI 关注情感表达和支持。例如，"写一篇关于如何应对孤独感的文章，包含温暖的建议和鼓励的话语。"

（五）实践建议：如何运用读者心理

1. 内容设计

-开篇要抓住痛点；

-多用生活化例子；

-设置情感共鸣点；

-提供实用解决方案。

2. 表达方式

-使用对话式语言；

-加入互动元素；

-设置悬念；

-巧用反问。

3. 结构安排

-层次要清晰；

-重点要突出；

-节奏要适中；

-结尾要有力。

✍ 实操示例

> **内容设计的提示词：**
> 写一篇关于如何提升工作效率的文章，开头讲述一个常见的效率低下的故事，随后提供3个实用技巧，并以鼓励性的文字收尾。
>
> **表达方式的提示词：**
> 用对话式语言写一段关于时间管理的内容，加入一个问题让读者思考，比如，"你有没有觉得一天时间不够用？"

（六）注意事项

为避免常见误区，需要注意以下事项：

-避免过度营销；

-避免空洞说教；

-保持真诚态度；

-注重价值输出。

如何利用 AI 避免这些误区：

-调整提示词：明确要求 AI 生成有价值且不带有营销性质的内容。例如，"写一篇关于时间管理的文章，提供实用建议而非推广产品。"

-后期编辑：在 AI 生成内容后，手动检查和修改，确保内容真诚且有价值。

-反复迭代：针对 AI 生成的内容，反复调整提示词和内容，直到达到理想效果。

实操例子：

-避免过度营销的提示词：写一篇关于如何提高工作效率的文章，专注于提供实用技巧，不提及任何产品或服务。

-避免空洞说教的提示词：写一篇关于克服拖延症的文章，包含具体的方法和真实案例，而不是仅仅说"你应该更努力"。

（七）如何调教与优化

这里有几个实用的技巧，帮助你调教 AI，让它更好地理解读者的心理。

1. 修改提示词

在给 AI 下达指令时，尽量使用具体而清晰的语言。例如，不要只说"写一篇文章"，而应该说"写一篇关于如何在职场中保持积极心态的文章，包含真实案例和实用建议。"

2. 调教 AI

通过不断反馈来优化 AI 的输出。例如，AI 生成的内容不够生动，可以告诉它："请加入更多的情感元素和生活化的例子。"这样 AI 就能逐步学习到你的偏好。

3. 常见问题与解决方案

AI 生成的内容可能会出现逻辑不清、情感缺失等问题。针对这些问题，可以给出新的命令，例如，"请重新组织结构，使逻辑更清晰，并增加情感共鸣的部分。"

4. 人工干预

AI 生成的内容虽然高效，但仍需人工润色。你可以在 AI 生成的基础上，加入自己的观点和故事，使内容更具个性化和温度。

（八）实操例子

假设我们要写一篇关于"未来城市"的文章。

初级提示词：写一篇关于未来城市的文章。（生成内容可能是泛泛而谈）

进阶提示词：写一篇关于未来城市的文章，重点探讨交通和能源问题，并展望未来城市的生活方式。（更具体）

高级提示词：以乐观积极的口吻，写一篇关于未来城市的文章，重点探讨智能交通和可持续能源如何解决城市问题，并描绘未来城市便捷、环保、舒适的生活场景，字数控制在800字左右。（更精准，并加入了情感色彩）

记住，读者不是冰冷的数据，而是有血有肉的人。了解他们的心理，就像了解一位老朋友，需要用心去感受，用情去交流。只有真正走进读者的内心世界，才能创作出真正打动人心的内容。

"倾听读者的心声，就像守候春天的种子；用真诚浇灌，终会收获心灵的绽放。"

情感触发点布局

在内容创作的世界里，情感触发点就像是引爆读者情绪的"火花"。想象一下，你在烹饪一道美味佳肴，情感触发点就是那些调味料，恰到好处地撒在菜肴上，既提升了整体味道，又让人回味无穷，这就是情感触发点布局的魔力。那么，如何在写作中巧妙地布局这些情感触发点呢？

（一）什么是情感触发点？

说白了，情感触发点就像是按下读者心中的"共鸣按钮"。它们是文章中那些能够唤起读者情感共鸣的关键节点。就像你走在街上闻到某种食物的香味，突然就想起了妈妈的厨房，这种瞬间的情感触动就是我们要找的触发点。

（二）情感触发点的 3 个层次

1. 基础层：生活经验

这是最容易引起共鸣的层次。例如,"加班到深夜的疲惫""考试前的紧张""久违重逢的喜悦"等,这些都是大多数人都经历过的情感体验。

2. 深层次：价值认同

这一层涉及人们的理想、追求和价值观。例如,"为梦想奋斗的决心""对公平正义的向往""对亲情的珍视"等。

3. 潜意识层：原型意象

这是最深层的触发点,例如,"回家""光明""温暖"等具有普遍意义的意象符号。

（三）如何布局情感触发点？

布局情感触发点,就像是编织一张情感的网,需要精心设计和安排。以下几个实用的招数,可以帮助你在写作中有效地布局情感触发点。

1. 前期铺垫法

就像煲汤要先熬制汤底一样,要在文章开始就埋下情感的种子。例如,开篇可以用一个令人心动的场景,或者抛出一个引人思考的问题。使用 AI 时,可以通过修改提示词来生成多种开篇场景。

> **提示词示例：**
> 描述一个加班到深夜的办公室场景,突出主角的疲惫和孤独感。
>
> **常见问题：**
> AI 生成的场景可能过于平淡,缺乏细节。
>
> **解决方法：**
> 重新调整提示词,加入更多细节要求。

修改后的提示词：

描述一个加班到深夜的办公室场景，突出主角的疲惫和孤独感，加入具体的细节，如桌上的咖啡杯、窗外的霓虹灯等。

2. 递进式深化法

像堆积木一样，先放置基础的情感触发点，再逐步深入到更深层的情感共鸣。例如，

-第一层：描述一个加班的场景。

-第二层：引出对工作与生活平衡的思考。

-第三层：升华到对人生价值的探讨。

提示词示例：

请帮我扩展以下段落，使情感递进更自然。第一层：描述一个加班的场景。第二层：引出对工作与生活平衡的思考。第三层：升华到对人生价值的探讨。

常见问题：

AI可能在情感递进上不够连贯。

解决方法：

提供更具体的指引，确保每一层的过渡顺畅。

修改后的提示词：

请帮我扩展以下段落，使情感递进更自然。第一层：描述一个加班的场景，突出主角的疲惫。第二层：引出主角对工作与生活平衡的困惑和反思。第三层：升华到主角对人生价值和意义的深刻思考。

3. 情感共振法

在文章的关键节点设置多个相互呼应的情感触发点，就像交响乐中的和声一样，让不同的情感产生共振。

提示词示例：

请在以下段落中加入几个相互呼应的情感触发点，增强情感共振：主角在加班时回想起童年的快乐时光，同时感受到现在生活的压力。

常见问题：

AI 加入的情感触发点可能不够相关，导致共振效果差。

解决方法：

明确情感触发点的关联性，确保它们能够相互呼应。

修改后的提示词：

请在以下段落中加入几个相互呼应的情感触发点，增强情感共振：主角在加班时回想起童年的快乐时光（回忆），同时感受到现在生活的压力（现实），并思考二者之间的差距（反思）。

（四）实用技巧

除了传统的情感布局方法，利用 AI 工具还能大大提升写作效率和质量。以下是一些具体的操作步骤和实操示例，帮助你更好地在 AI 写作中布局情感触发点。

1. 修改提示词

AI 的写作效果在很大程度上取决于提示词的质量。一个好的提示词就像是指挥家，能够引导 AI 生成符合预期的内容。

✎ 实 操 示 例

初始提示词：

描述一个主人公感到孤独的场景。

修改后的提示词：

描述一个主人公在深夜办公室感到孤独的场景，突出他的眼神疲惫，桌上的咖啡杯微微发冷，窗外的霓虹灯闪烁。

2. 应对 AI 改写中的常见问题

有时候，AI 生成的内容可能偏离主题、缺乏深度或重复啰嗦。这时，我们需要重新调整提示词或给出更具体的指令。

> **常见问题一：**
> AI 生成内容的情感描写过于泛泛，没有具体细节。
>
> **解决方法：**
> 在提示词中加入具体的细节要求。
>
> **修改后的提示词：**
> 请详细描写主人公在深夜加班时的情感，包含他看向窗外霓虹灯时的思绪，以及桌上那杯早已冷却的咖啡带来的孤独感。
>
> **常见问题二：**
> AI 生成内容的情感层次不够丰富，只停留在表面。
>
> **解决方法：**
> 要求 AI 在生成内容时，涵盖多个情感层次。
>
> **修改后的提示词：**
> 请描写主人公在深夜加班时的情感，既要体现他的疲惫和孤独，也要展现他对未来的希望和对家庭的思念。

3. 人工干预与优化

尽管 AI 在生成内容方面有很大优势，但最终的润色和优化仍需要作者的人工干预。通过结合 AI 生成的初稿和自己的情感体验，可以打造更具人情味的文字。

✎ **实操示例**

> **AI 生成内容：**
> 主人公在深夜的办公室里加班，感到非常疲惫和孤独。他看着窗外的霓虹灯，心中充满了对未来的迷茫。

人工优化后的内容：

深夜的办公室静悄悄的，只有键盘敲击的声音在回荡。主人公靠在椅背上，双眼布满血丝，望向窗外闪烁的霓虹灯，心中涌起无尽的孤独与疲惫。那一刻，他仿佛看到了童年时母亲在厨房忙碌的身影，心中一阵酸楚，对未来的迷茫也变得更加沉重。

4. 巧用悬念和反转

AI 可以帮助你设计悬念和反转，但需要明确指示以确保效果。

🖉 实操示例

初始提示词：

设计一个主人公在困难时刻坚持下去的情节。

修改后的提示词：

设计一个主人公在事业遇到重大挫折时，如何在朋友的鼓励下重新振作，并最终成功逆转局面的情节，包含一个意想不到的反转。

AI 生成内容：

主人公在事业低谷时，朋友鼓励他不要放弃，最终他成功逆转了局面。

人工优化后的内容：

当公司面临倒闭时，主人公感到前所未有的压力。就在他几近放弃之时，老友的一个电话犹如一缕阳光照进了他的心房。朋友告诉他一个大胆的计划，主人公决定一试。就在所有人都认为他会失败时，意外的投资者出现，给予了他最后的机会。经过不懈努力，主人公不仅挽救了公司，还开创了全新的业务模式，实现了事业的飞跃。

5. 调整节奏

AI 可以帮助你快速生成不同节奏的段落，但需要明确指示。

🖉 实操示例

提示词：

描述主人公在紧张战斗后的释然和喜悦，采用慢节奏的描写。

AI 生成内容：

战斗结束了，主人公终于松了一口气。他感到一种前所未有的轻松，脸上露出了久违的笑容。

人工优化后的内容：

战斗的喧嚣逐渐平息，空气中弥漫着汗水与泥土的气息。主人公缓缓放下手中的武器，深深地吸了一口气，感受到胸口涌动的心跳逐渐平稳。他低头看向脚下，脚步沉稳而缓慢，脸上终于绽放出那久违的笑容，眼中闪烁着释然与满足的光芒。

6. 结合读者的生活经验

通过描写一些常见的情境，让读者产生共鸣，AI 可以帮助你快速生成这些情境，但需要确保与目标读者的生活经验相关。

实操示例

提示词：

描述一个人在公共演讲前的紧张情绪。

AI 生成内容：

主人公站在台上，心跳加速，手心冒汗，感到非常紧张。

人工优化后内容：

主人公站在讲台前，手心不自觉地冒出细密的汗珠，心脏猛烈地跳动，仿佛要跳出胸膛。他深吸一口气，试图让自己冷静下来，但喉咙却像被绳索紧紧缠绕，声音有些颤抖。台下的观众仿佛化成了一张张放大了的面孔，每一个眼神都让他的紧张感倍增。

（五）常见误区提醒

1. 过度煽情

情感要真实自然，不要刻意制造情感爆点。

2. 脱离主题

情感触发点要服务于文章主题，不能为了感动而感动。

3. 缺乏逻辑

情感再动人也要有理有据，不能只靠煽情。

（六）检验标准

好的情感触发点布局应该：

-自然不做作；

-循序渐进；

-与主题相关；

-真实可信；

-有所启发。

（七）实战案例：如何布局情感触发点

为了更好地理解情感触发点的布局，我们来看一个案例分析。假设我们要写一篇关于"战胜恐惧"的文章，目标是激励读者勇敢面对自己的恐惧，以下是具体的步骤。

第一步：识别关键情绪。

在这篇文章中，我们主要希望传达的情感是"勇气"和"希望"，同时会涉及"恐惧"和"挣扎"。

第二步：设计情感高潮。

文章可以从描述主人公的恐惧开始，让读者感受到他的无助和挣扎；接着，通过一系列挑战和努力，逐步引导情感上升；最后，在战胜恐惧的瞬间，达到情感的高潮，带给读者强烈的激励和希望。

第三步：利用具体细节。

在描述恐惧时，不要只说"他很害怕"，而是要具体描绘他的身体反应，比如"他的心跳加速,手心冒汗,脑海中不断闪现那些可怕的场景"。这样的细节描写能让读者更真实地感受到恐惧。

第四步:引入对比手法

在主人公最终战胜恐惧后,可以通过对比他之前和现在的状态变化,突出他的成长和勇气。例如,"曾经他因为一点小事就吓得魂不附体,如今却敢于直面人生的挑战。"

第五步:利用悬念和反转。

在故事的关键节点设置悬念,比如主人公在最困难的时候是否能坚持下去,让读者紧张地跟随故事的发展;最终的反转是他成功战胜恐惧,带来意想不到的感动和激励。

第六步:调整节奏。

在紧张的战斗和努力阶段,采用快节奏的描述,让读者感受到紧张和压力;在战胜后的释然和喜悦阶段,采用慢节奏的描写,突出情感的释放和满足。

第七步:结合读者的生活经验

通过描写一些常见的恐惧情境,比如公共演讲、考试、失恋等,让读者产生共鸣,感同身受,从而更深刻地被激励。

记住,写作不是在堆砌情感,而是在搭建一座通向读者心灵的桥梁。每个情感触发点都应该像星星一样,既独立闪耀,又能汇成璀璨的银河。

"真正打动人心的文字,不在于你说了什么,而在于你唤醒了读者心中的什么。"

互动性设计

在当今这个信息爆炸的时代,读者的注意力比以往任何时候都更加分散。如何在海量的信息中脱颖而出,吸引读者的目光?答案之一便是互动性设计。

互动性不仅仅是科技产品的专属，AI写作同样可以通过巧妙的互动设计，与读者建立深层次的情感连接，激发他们的参与感和共鸣。

（一）什么是互动性设计？

互动性设计，简单来说，就是通过各种方式让读者参与到内容中来，而不是被动地接受信息。这种设计理念强调双向交流，使读者不仅是信息的接收者，更是内容的参与者和创造者。在AI写作中，互动性设计可以体现在多个方面，如提问、引导思考、提供选择路径等，其目的是让读者在阅读过程中感受到与内容的互动，从而增强情感体验。

（二）为什么互动性设计如此重要？

想象一下，当你阅读一本书时，作者不断抛出问题，引导你思考；或者在阅读过程中，你可以根据自己的兴趣选择不同的故事线。这种体验不仅让阅读变得更加有趣，还能深层次地影响读者的情感和记忆。互动性设计能够：

-提升参与感：读者不再是被动的接受者，而是内容的参与者，增强了他们的投入感。

-增强记忆效果：互动过程中的思考和决策能够加深对内容的理解和记忆。

-激发情感共鸣：通过互动，读者更容易在情感上与内容产生共鸣，形成更深刻的情感连接。

（三）如何在AI写作中实现互动性设计？

实现互动性设计的关键在于理解读者的需求和心理，并巧妙地将互动元素融入内容之中。以下是几种常见的互动性设计方法。

1. 提问与引导

在适当的地方抛出问题，引导读者思考。例如：

"你是否曾有过这样的经历，当感到迷茫时，不知道下一步该怎么走？"

这种问题不仅能够引起读者的共鸣，还能激发他们的思考，使他们在阅读过程中更加投入。

如何利用 AI 实现：
在编写提示词时，可以加入具体的指令，让 AI 生成富有感染力的提问。

提示词示例：
生成一个引人深思的问题，帮助读者回忆他们在迷茫时的经历，并引导他们思考下一步该怎么走。

常见问题及解决方法：
有时，AI 生成的问题可能过于宽泛，缺乏针对性。

优化提示词：
生成一个具体的问题，帮助读者回忆他们在职业选择上感到迷茫时的经历，并引导他们思考如何做出决定。

2. 选择路径

为读者提供多种选择，让他们决定故事的发展方向。例如：“如果你选择跟随主角一起冒险，请点击这里；如果你更倾向于深入了解主角的内心世界，请点击这里。"

这种设计不仅增加了阅读的趣味性，还让读者感受到自主权，增强了他们的参与感。

如何利用 AI 实现：
使用 AI 生成不同的故事线选项，并确保每个选项在逻辑上具有连贯性。

提示词示例：
为一个情感成长故事生成两个不同的情节发展选项，一个是主角选择冒险，另一个是主角选择内心探索。

常见问题及解决方法：
AI 生成的选项可能缺乏多样性或深度。为此，可以细化提示词，要求更丰富多样且深入的选项。

> **优化提示词：**
> 为一个情感成长故事生成两个富有创意且情感深度不同的情节发展选项，一个是主角选择冒险，另一个是主角选择内心探索，确保每个选项都有详细的情节描述。

3. 情感反馈

通过情感化的语言和情景描绘，引导读者表达自己的情感。例如："当你感到失落时，试着深呼吸，感受一下周围的环境。你能找到一丝安慰吗？"

这种反馈能够让读者在情感上与内容产生共鸣，增强情感体验。

> **如何利用 AI 实现：**
> 指示 AI 使用温暖、支持性的语言，帮助读者表达和理解自己的情绪。
>
> **提示词示例：**
> 生成一段温暖的文字，引导读者在感到失落时表达和理解自己的情绪。
>
> **常见问题及解决方法：**
> AI 生成的情感反馈可能显得生硬或不够贴心。为此，可以调整提示词，使其更具同理心。
>
> **优化提示词：**
> 用温暖且富有同理心的语言，生成一段文字，引导读者在感到失落时深呼吸，并细致描述他们可能感受到的情绪。

4. 游戏化元素

将游戏化元素融入内容中，如积分、奖励、挑战等，增加互动的趣味性。例如："完成这个章节的阅读，你将获得一枚'情感大师'勋章，继续加油！"
游戏化元素不仅增加了互动性，还能激励读者持续阅读，增强学习的动力。

5. 情境代入

就像玩角色扮演游戏一样，我们可以设计一些具体场景，邀请读者进入其中:"假设你正在面对一个重要的工作汇报,台下坐着你的上司和同事们……"

这种方式能让读者瞬间产生代入感,仿佛故事就发生在自己身上。

6. 互动练习

"光说不练假把式",在适当的位置设置一些小练习,比如:

-三分钟快速写作练习;

-思维导图绘制;

-情景模拟演练。

这些互动环节就像是给读者派发的"家庭作业",能够加深理解和记忆。

(四)互动技巧的注意事项

记住,互动设计不是为了互动而互动,需要:

-避免过度设问,以免显得做作;

-互动环节要自然融入内容;

-保持适度,不要喧宾夺主;

-注重实用性和可操作性。

(五)数字时代的新互动方式

别忘了运用现代科技手段,包括:

-二维码链接;

-在线互动工具;

-社群讨论话题。

这些都能让互动更加便捷和丰富。

(六)实战案例演示

让我们通过一个具体案例,来看看如何一步步优化 AI 生成的互动内容。

> **初始提示词:**
> 写一篇关于职场压力的文章。

修改后的提示词：

请写一篇关于职场压力的文章，要求：

- 设置 3 个互动环节；
- 用富有同理心的语气；
- 包含实际案例；
- 提供行动建议。

AI 初稿：

在快节奏的现代社会中，职场压力已成为许多工作者不可忽视的问题。随着 2025 年的到来，技术的进步和全球化进程的加快，职场环境变得越来越复杂和具有挑战性。如何有效管理职场压力，成为影响个人职业发展和生活质量的关键因素……

优化提示词：

请用更自然的方式改写开场，增加情境描述和情感共鸣。

最终版本：

又是一个被工作压得喘不过气的夜晚？我懂这种感觉。还记得上周，当我面对堆积如山的文件时，也曾感到无比沮丧。不知道此刻的你，是否也在经历类似的困扰？让我们一起来聊聊这些压力，看看如何让自己好受一些……

"在文字的世界里，真正的魔法不在于单向的传达，而在于双向的互动，让每一位读者都成为故事的一部分。"

语言整容术：AI 文本的美学改造

03

打破固定句式

句式多样化技巧

还记得小时候吃妈妈做的饭菜吗？每天换着花样，有时清淡，有时浓郁，有时酸甜可口，有时麻辣过瘾。其实，AI 写作的句式也应如此，需要多样化来增添文章的"口感"。

（一）为什么要讲究句式多样化？

想象一下，如果一篇文章全是"主谓宾"的简单句，读起来会像机器人说话一样生硬。就像吃饭只有白米饭，即使再香的米，也会让人腻味。句式的变化能让文章像一个美味的套餐，既有开胃小菜，又有主食大菜，还有回味悠长的甜点。

（二）句式多样化实用技巧

1. 长短句搭配法

我们在跑步时，不可能一直保持同样的速度，需要快慢结合才能跑得更远。

文章也是如此。

-短句：干脆利落，适合表达重点。

-长句：细腻流畅，适合描述场景。

例如：

-短句：天黑了。

-长句：远处的山峦渐渐隐入暮色中，只留下一道若隐若现的轮廓线。

2．倒装句巧用法

有时候，把句子顺序颠倒一下，反而能收到意想不到的效果。

-正常语序：这本书很精彩。

-倒装后：精彩，这本书真是。

这种变化会让语言更有韵味，就像把一道菜的摆盘改变一下，立刻变得让人更有食欲。

3．问答式互动法

在文章中适当设置一些问题，然后自问自答。例如：AI写作会取代人类写作吗？显然不会。因为创意和情感始终是人类的专属。

这种方式能让读者产生互动感，仿佛在和作者对话。

4．并列句组合法

把相似的内容用并列句表达，能让文章更有节奏感。例如：他懂得写作的技巧，懂得读者的心理，更懂得如何打动人心。

5．递进句升华法

像爬楼梯一样，一步步把文意推向高潮。例如：这个技术不仅改变了写作方式，更改变了创作理念，甚至彻底颠覆了整个内容产业。

6．陈述句与疑问句结合法

陈述句是我们表达观点和叙述事实的主要方式，而疑问句则能够激发读者的思考和参与感。例如：

-陈述句：我们都知道，阅读能够开阔视野，增长知识。

-疑问句：你是否曾想过，阅读为何如此重要？

最后用并列句总结，整个段落句式丰富，逻辑清晰。

（三）如何借助 AI 实现句式多样化？

现在，让我们把 AI 引入这个句式大餐的制作过程中。AI 不仅能帮你变换句式，还能为你提供灵感和建议。以下是一些实用的技巧和步骤。

1. 修改提示词

想要 AI 生成多样化句式，首先需要给它清晰、具体的指令。例如：

-简单提示词：请优化这段文字，使句式更加多样化。

-详细提示词：请将以下段落的句式进行多样化处理，结合长短句、倒装句、问答式等多种句式，使文章更加生动有趣。

✍ 实操示例

原文：

AI 写作很方便。它可以帮助你快速生成内容。你可以节省很多时间。

提示词：

请优化以下文字，使句式更加多样化，加入长句、短句和倒装句：AI 写作很方便。它可以帮助你快速生成内容。你可以节省很多时间。

AI 改写后：

AI 写作不仅方便，还能帮助你快速生成内容、节省时间，这无疑是现代写作者的福音。

2. 应对 AI 改写的常见问题

使用 AI 进行句式多样化时，可能会遇到以下问题：

-句子过于复杂：AI 有时会生成过长或难以理解的句子。

-失去原意：改写后，句子的核心意思可能被改变。

-不自然的表达：AI 生成的句子可能显得生硬或不符合上下文。

解决方法：

-分步优化：先让 AI 进行初步改写，再逐步细化。例如，先让 AI 调整长短句，再检查每个句子的自然流畅度。

-明确指令：在提示词中明确要求保持原意，避免偏离主题。

-多次尝试：如果第一次改写效果不佳，可以调整提示词，再次请求优化。

✎ 实操示例

原文：
AI 写作很方便。它可以帮助你快速生成内容。你可以节省很多时间。

AI 改写后：
AI 写作不仅极为方便，而且能够高效地协助你快速生成大量内容，从而在节省宝贵时间的同时，提升整体工作效率。

发现问题：
句子过于复杂，读起来有些吃力。

人工优化指令：
请简化以下句子，保持句式多样化，同时确保表达自然流畅：AI 写作不仅极为方便，而且能够高效地协助你快速生成大量内容，从而在节省宝贵时间的同时，提升整体工作效率。

AI 再次改写后：
AI 写作不仅方便，还能帮助你快速生成内容。这样一来，你就能节省宝贵的时间，提升工作效率。

3. 人工干预与优化

即使有了好的提示词，AI 生成的内容可能还需要人工调整，包括：

-检查句式是否自然流畅；

-调整重复的句式结构;

-补充情感化的表达。

✍ 实操示例

假设我们要写一段关于春天的描写。

第一步,给出基础提示词。
请描写春天,要求句式多样化。

AI 生成内容:
春天来了。花儿开了。小鸟在唱歌。

第二步,优化提示词。
请重写春天的段落,要求:

-用一个长句描绘整体景象;

-穿插简短的感叹句;

-以一个富有诗意的问句结尾。

AI 优化结果:
温暖的春风吹拂着大地,把整个世界装扮成一幅绚丽的画卷。多么美好的季节啊!花儿绽放,小鸟欢唱。这样的春天,谁能不为之心动?

第三步,人工调整。
可以适当添加更具体的感官描写和情感表达,让文章更有"人味"。

实战小贴士:

-先写再优化:在写作时,可以先用最简单的句式把想法写出来,然后运用以上技巧对句子进行"美容"。

-灵活选择:根据内容和情境选择合适的句式,确保变化服务于表达效果,而不是为了变化而变化。

-利用 AI 辅助：善用 AI 工具，提升写作效率，同时保持句式的多样化和自然流畅。

（四）实战案例：让 AI 为你的文章增添"人味"

让我们通过一个具体的例子，看看如何结合 AI 和手动优化，实现句式多样化。

> 原文：
> AI 写作工具非常实用。它们可以帮助你快速生成文章。使用这些工具可以节省时间和精力。
>
> 第一步：使用 AI 初步改写。
> 提示词：
> 请将以下段落的句式进行多样化处理，使用长句、短句和倒装句，使文章更加生动有趣：AI 写作工具非常实用。它们可以帮助你快速生成文章。使用这些工具可以节省时间和精力。
>
> AI 改写后：
> AI 写作工具不仅实用，还能帮助你快速生成文章。节省时间和精力，这无疑是现代写作者的福音。实用，这些工具真是不可或缺。
>
> 第二步：审核并调整。
> 发现问题：
> "实用，这些工具真是不可或缺。"这个倒装句略显生硬。
>
> 手动调整：
> AI 写作工具不仅实用，还能帮助你快速生成文章。节省时间和精力，这无疑是现代写作者的福音。这些工具真是不可或缺的伙伴。

通过结合 AI 的初步改写和人工的细微调整，我们成功实现了句式的多样化，使文章更具生动性和吸引力。

记住，句式多样化不是为了炫技，而是为了让表达更生动，更容易被读者接受和理解。就像一位优秀的厨师，他的目标不是展示厨艺有多么精湛，而是让食客吃得开心、吃得满意。

"句式如同音乐的节奏，多样化的句式让文字有节奏地律动，而最好的节奏，是读者读起来浑然天成，浑然不觉其技巧所在。"

语言节奏调整

你有没有注意过，有时候一句话读起来特别顺畅，仿佛有一种天然的韵律；而有些句子却让人觉得拗口，像是被强行塞入了一些词语？这背后，其实隐藏着一个关键的写作技巧——语言节奏调整。无论是人类作家，还是用 AI 进行创作，掌握好语言节奏，都能让文字更具吸引力和感染力。下面，我们就来聊聊如何通过调整语言节奏，让你的文字焕发活力，特别是如何利用 AI 来实现这一目标。

（一）什么是语言节奏？

简单来说，语言节奏就是文字在阅读过程中产生的韵律感。就像音乐有快慢、高低、强弱的节奏，文字也有自己的节奏。节奏好的文字能让读者在阅读时感到舒适，有种自然流畅的感觉；而节奏差的文字则可能让人感到生硬、拖沓，甚至产生阅读疲劳。

当你让 AI 帮你写作时，AI 会根据大量的数据学习语言的节奏和韵律。然而，AI 有时可能会忽略细微的节奏变化，导致生成的文本虽然语法正确，却缺乏人情味。这时候，我们需要通过优化提示词来引导 AI 生成更具节奏感的文字。

（二）为什么要调整语言节奏？

想象一下，你在看一部电影，节奏忽快忽慢，剧情或仓促或拖沓，会不会觉得不舒服？同样的道理，文字的节奏直接影响到读者的阅读体验。适当的节奏调整，可以：

-增强表达效果：通过节奏的变化，突出重点，增强情感表达。

-提高可读性：让文字更易读、易懂，减少理解障碍。

-吸引读者注意：合理的节奏变化能抓住读者的眼球，使他们更愿意继续阅读。

AI 可以快速生成大量文本，并根据指令调整节奏。然而，AI 生成的内容有时可能会出现节奏单一或不自然的情况。这时候，需要通过修改提示词和后期调整，确保节奏的多样性和自然流畅。

（三）如何调整语言节奏？

调整语言节奏并不是随意改变句子的长短，而是需要运用技巧来实现。无论是人工调整，还是利用 AI 辅助，都需要掌握以下几种方法：

1. 句子长短的变化

长句和短句的搭配使用是调节节奏最直接的方法。连续使用长句可能会让读者感到沉闷，而一连串短句则可能显得匆忙。合理搭配长短句，能让文字更加生动有趣。

> **✍ 实操示例**
>
> 利用 AI 优化句子长度。
>
> **提示词：**
> 请将以下段落调整为长短句交替使用，使节奏更加流畅：
> 他走进房间，环顾四周，看到窗外的阳光透过纱窗洒进来，照亮了整个房间，空气中弥漫着咖啡的香味，让人感到格外温暖。

AI 改写后：

他走进房间，环顾四周。窗外的阳光透过纱窗洒进来，照亮了整个房间。空气中弥漫着咖啡的香味，让人感到格外温暖。

常见问题及解决方法：

有时，AI 可能会在调整过程中删除重要信息或改变原意。遇到这种情况，可以进一步提示 AI 保留关键信息，同时优化句子结构。

优化提示词：

请在调整句子长度时，保留所有原有的信息和细节，同时使节奏更加流畅。

2. 使用标点符号

标点符号不仅是句子的"停顿符"，还能有效地调节节奏。逗号、句号、分号、感叹号等不同的标点，都会影响句子的节奏和情感表达。

✍ 实操示例

利用 AI 优化标点符号。

提示词：
请优化以下句子的标点符号，使其节奏更加自然：她静静地坐在那里，想着过去的一切。

AI 改写后：
她静静地坐在那里，想着过去的一切……

常见问题及解决方法：
AI 有时会误用标点符号，导致句子节奏不当。可以通过具体指示，让 AI 关注标点符号的使用。

优化提示词：

请根据句子的情感和节奏，正确使用标点符号，确保句子流畅自然。

3. 使用节奏感强的词语

选择带有自然韵律的词语，如动词的重复、形容词的排列等，能有效增强文字的节奏感。

> **✍ 实操示例**
>
> 利用 AI 优化词语选择。
>
> **提示词：**
> 请优化以下句子的词语，使其节奏感更强：她静静地坐在那里，想着过去的一切。
>
> **AI 改写后：**
> 她静静地坐着，回忆着过去的一切。
>
> **常见问题及解决方法：**
> AI 有时会选择不够生动的词语，可以通过明确要求使用更具节奏感和更生动的词语来解决。
>
> **优化提示词：**
> 请使用更具节奏感和更生动的词语，优化以下句子：她静静地坐在那里，想着过去的一切。

（四）利用 AI 进行语言节奏调整的实操步骤

1. 初步生成文本

首先，让 AI 根据你的主题生成一段文本。例如，给出以下提示词："请写一段描述一个人在咖啡馆里的情景。"

2. 分析节奏问题

仔细阅读 AI 生成的文本，找出节奏单一或不流畅的部分。

3. 优化提示词

针对发现的问题，调整提示词。例如，给出以下提示词："请将以下段落调整为长短句交替使用，使节奏更加流畅：他走进咖啡馆，点了一杯咖啡，找了个靠窗的位置坐下，开始阅读报纸。"

4. 处理 AI 可能出现的问题

如果 AI 在调整过程中遗漏细节或改变原意，可以进一步优化提示词。例如，给出以下提示词："在调整句子长度时，请保留所有原有的信息和细节，同时使节奏更加流畅。"

5. 人工润色

尽管 AI 可以帮助优化节奏，但有时仍需要人工进行最后的润色，以确保文字和情感表达自然。

（五）实战案例

> **原始 AI 生成：**
> 夜晚降临，城市的灯光亮了起来。人们纷纷回到家中，街道变得安静起来。只有偶尔的车辆驶过，打破了夜的宁静。
>
> **初步优化提示词：**
> 请将以下段落调整为长短句交替使用，使节奏更加流畅：
> 夜晚降临，城市的灯光亮了起来。人们纷纷回到家中，街道变得安静起来。只有偶尔的车辆驶过，打破了夜的宁静。
>
> **优化后的 AI 生成：**
> 夜晚降临，城市开始闪烁。人们纷纷回家，街道渐渐安静。偶尔，车辆驶过，打破夜的宁静。

进一步优化提示词（若需要）：
请在调整句子长度的同时，保持描述的细腻和情感的表达，使段落更具画面感。

最终润色：
夜晚降临，城市开始闪烁。人们纷纷回家，街道愈发安静。偶尔，一辆车驶过，划破夜的宁静。灯光下，行人的身影被拉长，仿佛每一个步伐都在诉说着一天的故事。

"文字如同舞蹈，节奏的掌控让每一个字都充满了生命的律动。"

过渡语的运用

你有没有发现，当你讲述一个故事或表达一个观点时，如果句子和句子之间跳跃得太快，听众或者读者会感到有些迷失？这时候，过渡语就像是故事里的路标，帮助我们顺畅地从一个点移动到另一个点，让整个表达更加连贯、自然。本节我们不仅要探讨过渡语的妙用，还要看看如何借助 AI 的力量优化过渡语的使用，让你的文字更上一层楼。

（一）什么是过渡语？

简单来说，过渡语就是用来连接句子、段落甚至整个章节的词语或短语。它们像桥梁一样，把一个想法和另一个想法连接起来，避免了表达上的突兀和断裂。常见的过渡语有"因此""然而""此外""首先""其次"等。这些看似平常的词语，却在无形中为我们的文章增添了流畅感。

（二）为什么过渡语如此重要？

想象一下，你在讲一个故事，突然从"我今天去了超市"跳到"天空下起了雨"，中间没有任何解释。这不仅让人摸不着头脑，也让故事显得不连贯。同样的道理，过渡语在写作中扮演着至关重要的角色。它能帮助我们：

- 维持逻辑顺序：确保观点之间有合理的衔接。
- 增强可读性：让读者更容易理解和跟随你的思路。
- 提升文章整体感：使整篇文章看起来更有条理、更专业。

（三）常用的过渡语及其运用

让我们来看看一些常用的过渡语，以及它们在不同情境下的具体运用。同时，我们将探讨如何利用 AI 来提升这些过渡语的效果。

1. 表示顺承关系

当你想要表达事情的发展顺序时，可以使用"首先""其次""再次""最后"等词语。例如：

- 首先，我们需要明确目标。
- 其次，制定详细的计划。
- 再次，逐步实施。
- 最后，进行评估和调整。

如何让 AI 帮忙：你可以在提示词中明确要求 AI 按照顺序列出步骤。例如，给出以下提示词："请按照首先、其次、再次、最后的顺序，列出制定项目计划的步骤。"

常见问题及解决方法：

AI 有时候可能会忽略顺序或跳过步骤。因此，我们需要在 AI 初次生成内容后，检查顺序是否正确。如果发现问题，可以反馈给 AI，例如，给出以下提示词："请确保步骤按顺序排列，并补充遗漏的步骤。"

2. 表示对比或转折

有时候，你需要对比两个不同的观点，或者在表达转折时使用"然而""但是""尽管如此"等。例如：

- 这项新技术提高了生产效率，然而也带来了新的挑战。

-我们原本计划在周末出游,然而天气突然变坏了。

如何让 AI 帮忙:在提示词中加入对比或转折的要求。例如,给出以下提示词:"写一段关于新技术优缺点的对比,使用'然而'来引出转折。"

常见问题及解决方法:

AI 可能会生成过于简单的对比,缺乏深度。可以要求 AI 提供更详细的对比内容,例如,给出以下提示词:"请详细说明新技术带来的好处和相应的挑战,使用'然而'进行转折。"

3. 表示因果关系

当你要说明某个结果是由某个原因引起的,可以使用"因此""所以""因为……所以……"等。例如:

-因为市场需求增加,所以公司决定扩大生产。

-他努力学习,因此在考试中取得了好成绩。

如何让 AI 帮忙:在提示词中明确因果关系。例如,给出以下提示词:"解释为什么市场需求增加,因此公司决定扩大生产,使用'因此'进行连接。"

常见问题及解决方法:

AI 可能会混淆因果关系,导致逻辑不清。可以在 AI 生成内容后,检查因果链是否合理。如有问题,可提示 AI 重新组织语言,例如,给出以下提示词:"请确保因果关系清晰明确,使用'因此'连接原因和结果。"

4. 表示递进关系

当你想要进一步深化某个观点时,可以使用"更重要的是""此外""不仅如此"等。例如:

-不仅如此,这项技术还可以降低成本。

-更重要的是,它提高了产品的质量。

如何让 AI 帮忙:在提示词中加入递进的要求。例如,给出以下提示词:"写一段关于环保措施的介绍,使用'不仅如此'来递进说明其好处。"

常见问题及解决方法:

AI 可能会重复内容,缺乏新意。可以提示 AI 提供新的信息,例如,给出以下提示词:"请在递进时,介绍环保措施的额外好处,避免重复前面的内容。"

（四）如何利用 AI 优化过渡语的使用

AI 不仅可以帮助你选择合适的过渡语，还能根据上下文自动生成连贯的内容。以下是一些实操技巧，帮助你更好地利用 AI 进行过渡语的优化。

1. 修改提示词以增强过渡效果

要让 AI 生成自然流畅的过渡语，关键在于设计有效的提示词。例如，你可以这样提示 AI："请写一段关于时间管理的重要性的文章，使用多种过渡语来连接不同的观点，使文章更加连贯。"

> **实操示例**
>
> 初始提示词：
> 写一段关于时间管理的重要性的文字。
>
> AI 生成：
> 时间管理对于每个人来说都非常重要。合理安排时间可以提高工作效率。有效的时间管理还能减少压力。
>
> 问题：
> 过渡语使用较少，使段落显得生硬。
>
> 优化提示词：
> 写一段关于时间管理的重要性的文章，使用"首先""其次""此外"等过渡语来连接不同的观点。
>
> 优化后的 AI 生成：
> 首先，时间管理对于每个人来说都非常重要。其次，合理安排时间可以显著提高工作效率。此外，良好的时间管理还能有效减少压力，使生活更加有序。

2. 处理 AI 生成中过渡语使用不当的问题

有时候，AI 生成的过渡语可能使用不当，导致逻辑不清或重复。遇到这种情况，可以通过进一步提示来修正。

> 问题示例：
> 时间管理对于每个人来说都非常重要。然而，合理安排时间可以显著提高工作效率。然而，良好的时间管理还能有效减少压力。
>
> 解决方法：
> 指出具体问题，并给予明确的修改指令。
>
> 提示词：
> 请修正以上段落，避免重复使用"然而"，并使用多样化的过渡语，如"首先""其次""此外"等。
>
> 修正后的 AI 生成：
> 首先，时间管理对于每个人来说都非常重要。其次，合理安排时间可以显著提高工作效率。此外，良好的时间管理还能有效减少压力，使生活更加有序。

3. 人工干预与 AI 协作

虽然 AI 在生成内容时非常强大，但有时仍需要人工的微调来确保过渡语的自然和恰当。以下是具体的操作流程：

-初步生成：让 AI 根据提示词生成初稿。

-检查过渡：阅读 AI 生成的内容，检查过渡语是否自然，逻辑是否连贯。

-反馈修正：如果发现问题，向 AI 提供具体的反馈和修正指令。

-优化润色：在 AI 修正后，再次审阅，并进行必要的人工润色。

实操示例

初始提示词：
写一段关于健康饮食的重要性的文章，使用"首先""但是""因此"等过渡语。

AI 生成：
健康饮食对身体非常重要。首先，合理的饮食可以提供必要的营养。但是，不良的饮食习惯会导致各种健康问题。因此，保持健康的饮食习惯至关重要。

问题：
"但是"后的内容稍显简略，可以更具体。

优化提示词：
请详细说明不良饮食习惯带来的健康问题，使用"但是"进行转折。

优化后的 AI 生成：
健康饮食对身体非常重要。首先，合理的饮食可以提供必要的营养。但是，不良的饮食习惯，如高糖高脂的摄入，会导致肥胖、心脏病等各种健康问题。因此，保持健康的饮食习惯至关重要。

最终润色：
健康饮食对身体非常重要。首先，合理的饮食可以提供必要的营养，支持身体的正常运作。但是，不良的饮食习惯，如高糖高脂的摄入，不仅会导致肥胖，还可能引发心脏病等严重的健康问题。因此，保持健康的饮食习惯，选择多样且均衡的食物，显得尤为重要。

（五）实战案例

> **原始 AI 生成：**
> AI 写作很快。质量参差不齐。需要人工干预。效果会更好。
>
> **优化提示词：**
> 请重写上述内容，要求：
> -使用自然的过渡语；
> -加入具体例子；
> -语气要轻松活泼。
>
> **优化后的 AI 生成：**
> 说起 AI 写作，可真是又快又省力！不过呢，就像刚学写作的小学生一样，AI 的作品质量还是有高有低。这个时候，我们就需要充当一位耐心的老师，适时地给予指导和修改。有趣的是，经过这样的"教导"，AI 的作品往往会脱胎换骨，变得更像是出自人类之手。

通过这个例子，我们可以看到，合理运用过渡语不仅能提升 AI 写作的质量，还能让文章更具人情味。记住，优秀的 AI 写作不是完全依赖机器，而是人机协作的艺术。

"过渡语，就像是文字间的桥梁，让思绪在流动中找到最优雅的连接。"

口语化表达

日常用语的融入

还记得小时候,听奶奶讲故事时那种温暖亲切的感觉吗?为什么奶奶的故事总能让我们听得入迷?秘诀就在于她用的都是我们熟悉的"家常话"。在用AI写作时,我们也可以通过调整提示词,让AI生成的文字更有"人味"。

(一)为什么要融入日常用语?

说实在的,谁愿意读那些像教科书一样枯燥的文章呢?我们在AI生成的内容中适当加入一些"烟火气",就像在一碗白米饭里撒上几颗香喷喷的花生米,白米饭立刻就变得可口多了。日常用语能够:

-拉近与读者的距离,就像跟老朋友聊天一样自在。
-增加文章的代入感,让读者觉得"这说的就是我啊"。
-提升阅读体验,让严肃的话题变得轻松有趣。

（二）如何通过修改提示词，让 AI 融入日常用语？

1. 在提示词中明确要求口语化表达

想要让 AI 说"人话"，首先得告诉它该怎么说。例如，原本你的提示词是："请写一篇关于环保重要性的文章。"生成的内容可能会很正式。你可以修改提示词为："用轻松、口语化的方式，写一篇聊环保为什么重要的文章，就像和朋友聊天一样。"这样，AI 就明白你想要的是什么了。

2. 加入具体的语言风格要求

在提示词中，你可以添加："使用生动的比喻和日常用语，避免过于正式的语言。"这样可以让 AI 更明白你的期望。

3. 提供示例或风格参考

如果有你喜欢的文章风格，可以在提示词中提到："请参考以下风格进行写作……"或者直接粘贴一段你喜欢的文字，让 AI 模仿。

> ✎ 实 操 示 例
>
> 初始提示词：
> 写一篇关于健康饮食的重要性的文章。
>
> AI 生成：
> 健康饮食对于维持人体正常功能至关重要，合理的营养摄入可以预防多种疾病。
>
> 优化提示词：
> 用轻松幽默的语气，写一篇聊聊为啥咱们得好好吃饭的文章，就像跟朋友唠嗑一样，别太正式。
>
> 优化后的 AI 生成：
> 你有没有发现，吃得好心情就好？别小看一顿饭，吃得健康，咱们的身体才有劲儿，天天像打了鸡血一样！

（三）AI 改完后容易出现哪些问题？

1. 过度口语化

有时候，AI 可能会过犹不及，生成的内容过于口语化，甚至带有过时的网络用语或俚语，读起来有点尴尬。

2. 缺乏逻辑性

为了口语化，AI 可能会省略一些必要的连接词，导致文章逻辑不够严谨。

3. 内容深度不足

过分追求轻松的表达，可能会让文章缺乏深度，无法满足读者的需求。

（四）针对这些问题，我们如何给出新的命令？

1. 明确适度的口语化

在提示词中强调："请在保持内容连贯和逻辑性的同时，适当使用日常用语，避免过度口语化。"

2. 避免使用过时或不当的网络用语

如果发现 AI 总是使用一些令人尴尬的网络词汇，可以在提示词中说明："请避免使用过时或不恰当的网络用语，语言风格以自然流畅为主。"

3. 强调内容的深度和价值

在提示词中添加："在轻松的语气下，确保内容具有深度和实用性，能为读者提供有价值的信息。"

> **✍ 实操示例**
>
> **初始提示词：**
>
> 用最口语化的方式，写一篇关于理财的小文章。
>
> **AI 生成：**
>
> 理财啥的，我跟你说，特重要！不然分分钟破产，钱包空空！

优化提示词:

用亲切自然的口吻,写一篇关于为什么理财很重要的文章,注意保持内容的专业性和实用性,别用过多的网络用语。

优化后的 AI 生成:

咱们都想钱包鼓鼓的,对吧?理财就是帮你把钱花在刀刃上,让每一块钱都物超所值。这事儿听起来有点专业,但其实一点都不难!

(五)最后的人工干预

即使 AI 已经很聪明了,但最终的内容还是需要我们亲自过一遍,毕竟机器还不懂咱们的心。

1. 自己读一遍

看看文章读起来是否顺畅,有没有不合适的地方。

2. 调整用词

把一些感觉别扭的词替换掉,让表达更贴合你的风格。

3. 检查逻辑

确保文章的逻辑清晰,前后内容连贯。

(六)实践技巧

1. 建立自己的日常用语库

平时多留意,哪些表达方式让你觉得亲切有趣,把它们记下来,方便以后用。

2. 多和 AI "沟通"

不要怕多试几次,调整提示词,多和 AI 磨合磨合,慢慢它就更懂你的心了。

3. 不断学习

看看别人的文章是怎么做到既专业又接地气的,学以致用。

(七)避免的误区

1. 不要为了口语化而口语化

生硬地堆砌日常用语,反而会让文章显得做作。关键是自然。

2. 不要忽视文章的核心内容

再怎么接地气,内容为王,不能因为追求风格而忽略了信息的准确性和实用性。

3. 不要过分依赖 AI

AI 是个好帮手,但最终的把关还得靠自己。

(八)实战案例

> **场景:**
> 想让 AI 写一段关于学习 Python 的感受。
>
> **初始提示词:**
> 写一段关于学习 Python 的感受。
>
> **AI 生成:**
> 学习 Python 是一项具有挑战性但回报丰厚的任务。它需要学习者具备一定的逻辑思维能力和耐心。掌握 Python 可以为个人在职业发展方面带来诸多优势。
>
> **优化提示词:**
> 想象你正在跟朋友聊天,用轻松的语气聊聊你学习 Python 的感受,包括遇到的困难和收获,字数控制在 100 字以内。
>
> **优化后的 AI 生成:**
> 学 Python 那会儿,可把我折腾坏了!对着代码抓耳挠腮,感觉脑子都

> 不够用了。不过，现在能用 Python 写点小程序，感觉还挺爽的，成就感满满！

"文字就像美食，适量的烟火气才能让人感受到生活的温度；过分的修饰反而会失去原本的滋味。"

对话形式的运用

你有没有发现，在你喜欢的小说或电影中，对话总是最让人印象深刻的部分？对话不仅能让角色更立体，还能为故事增添情感和张力。而在使用 AI 进行写作时，巧妙地运用对话形式，同样能让文章更有"人情味"。

（一）为什么要用对话形式？

"哎，你听说了吗？用对话能让 AI 写的文章更生动！"

"真的吗？这怎么做到？"

"因为对话能拉近和读者的距离，就像朋友间的闲聊，读起来更舒服。"

看，是不是瞬间亲切了许多？对话形式就是有这样的魔力。它能打破文章的单调，让复杂的概念变得通俗易懂。就像把一场严肃的报告变成了一次轻松的聊天。

（二）如何利用 AI 生成生动的对话？

1. 设置清晰的提示词

示例：请帮我写一段关于时间管理的情景对话，角色 A 是专家，角色 B 是新手。

注意，提示词越具体，AI 生成的内容越符合预期。

2. 加入语气词和口语化表达

示例：在对话中使用"嗯""啊""你知道吗"等，让对话更自然。

3. 强调情感和细节

示例：在对话中体现角色的情感变化，加入环境描述。

（三）AI 生成对话时常见的问题及解决方法

1. 对话生硬、不自然

问题原因：AI 可能缺乏对口语化表达的训练。

解决方法：在提示词中强调"使用口语化、自然的语言"。

调整后的提示词：请用口语化的语言，写一段关于学习方法的对话。

2. 角色缺乏个性

问题原因：AI 未被告知角色的背景和性格。

解决方法：在提示词中详细设定角色特征。

调整后的提示词：角色 A 是幽默风趣的老师，角色 B 是好奇心强的学生，他们讨论的重点是如何提高记忆力。

3. 对话偏离主题

问题原因：提示词不够明确，AI 理解有偏差。

解决方法：明确主题，简化提示词。

调整后的提示词：请写一段关于健康饮食重要性的对话。

（四）如何进一步优化 AI 生成的对话？

1. 反复迭代提示词

方法：如果初次生成的内容不满意，尝试修改提示词，加入更多细节。

示例：请在对话中体现角色的情感，并加入幽默元素。

2. 人工润色

方法：对 AI 生成的内容进行手动修改，调整语句，使其更符合预期。

示例：添加适当的语气词，调整句子顺序，增强流畅度。

3. 结合上下文

方法：在提示词中提及文章的整体内容，让 AI 生成的对话更贴合主题。

示例：在介绍完时间管理技巧后，请生成一段相关的对话，巩固读者的理解。

（五）实战小贴士

1. 用对话开场，吸引注意

提示词：请以对话的形式，写一个引人入胜的开头，主题是如何克服拖延症。

实例：

A："哎，你又在刷手机了？"

B："没办法，总是提不起劲做正事。"

A："要不要试试新的时间管理方法？"

2. 通过对话解释复杂概念

提示词：请用对话的形式，解释人工智能的基本原理，语言通俗易懂。

实例：

小李："人工智能到底是怎么回事啊？听起来好高深。"

小王："其实很简单，就是教电脑学会思考和判断。"

3. 用对话总结观点

提示词：请生成一段对话，用来总结关于健康生活方式的要点。

实例：

A："所以说，保持健康，关键在于饮食、运动和心态。"

B："没错，三者缺一不可！"

（六）实战案例

场景：我们要写一篇关于如何利用 AI 提升写作技巧的文章，想通过对话形式来展示实际操作。

1. 角色设定

-角色 A：AI 写作新手，对技术不太了解。
-角色 B：AI 专家，经验丰富，善于指导。

2. AI 提示词

请写一段对话，角色 A 是 AI 写作新手，角色 B 是 AI 专家，他们讨论如何利用 AI 优化文章的语言风格。

3. 生成的对话

A："我写的文章总感觉有点生硬，怎么用 AI 来改进呢？"
B："你可以试试调整提示词，让 AI 生成更口语化的内容。"
A："比如说？"
B："在提示词中加上'请用轻松幽默的语言'，效果会更好。"
A："明白了，我这就试试！"

4. 问题与优化

问题：对话有点简短，缺乏细节。
优化提示词：请扩展上述对话，加入具体的例子和操作步骤。

5. 优化后的对话

A："我用 AI 写了一篇文章，但读起来像机器人写的，有什么办法让它更自然吗？"

B："当然有！你可以在提示词中加入一些要求，比如'用第一人称''加入个人经历'等。"

A："这样啊，那如果我想让文章更有情感，该怎么做？"

B:"你可以让AI'加入情感表达',或者'使用生动的比喻'。"

A:"听起来不错,不过AI生成的内容有时候会跑题。"

B:"是的,这时候你需要给出更具体的提示词,或者手动调整一下。"

A:"明白了,看来还需要多练习,谢谢你的帮助!"

B:"不客气,AI写作就是这样,熟能生巧。"

"真正的对话,不仅是信息的交换,更是心灵的碰撞。让AI的文字,也能拥有鲜活的生命。"

语气的自然化处理

你有没有发现,有些AI生成的文章读起来就像机器人在说话?一板一眼,生硬刻板,让人觉得特别不自然。对于AI写作来说,如何让机器生成的文字拥有自然的语气已成为一个关键挑战,因为它直接关系到读者的阅读体验和情感共鸣。

那么,如何让AI写出的文章更有"人味"呢?别急,下面我们就一起来看看。

(一)为什么语气自然如此重要?

想象一下,你正在阅读一篇文章,内容非常专业、信息量极大,但语气却生硬、冷漠。这种情况下,你很可能会感到枯燥,甚至失去继续阅读的兴趣。相反,如果文章的语气亲切、幽默,即使内容复杂,你也会觉得轻松愉快,愿意一直读下去。语气的自然化不仅能够提升读者的阅读体验,还能增强内容的感染力和说服力。

(二)常见的语气问题

先来看看AI写作中最常见的几个语气问题:

-过于正式，像在念教科书；

-情感表达机械化；

-缺乏互动性和亲和力；

-语气过于统一，缺乏变化。

这些问题往往是因为我们在使用 AI 生成内容时，没有给出足够明确的提示词，或者 AI 对语气的掌控还不够精准。

（三）语气自然化的核心要素

要实现语气的自然化，首先需要理解语气的核心要素。语气不仅仅是句子的音调或词汇的选择，更是一种情感的传递和人际交流的体现。以下是几个关键要素：

-情感共鸣：文字要能够引起读者的情感共鸣，让他们感受到作者的情感。

-个性表达：每个人的语气都有独特的个性，AI 需要能够模拟不同个性的表达方式。

-情境适应：不同的情境需要不同的语气，比如正式场合与非正式场合的语气截然不同。

（四）让 AI 生成的文字语气更自然的技巧

1. 巧用提示词，引导 AI 的语气

要让 AI 写出自然的语气，首先在提示词上就要下功夫。在给 AI 下指令时，可以明确要求其使用什么样的语气和风格。

示例：

提示词 1：请以轻松幽默的语气，写一篇关于健康饮食的文章，就像在和朋友聊天一样。

提示词 2：用亲切自然的口吻，介绍一下这个新产品的特点，避免过于正式的表达。

通过这样的提示，AI 就会倾向于使用更自然的语气。

2．加入语气词

在提示词或后期修改中，添加一些语气词，让表达更生动。

示例：

生硬的表达：这个方法很有效。

自然的表达：这个方法真的很有效呢！

3．善用反问句和设问句

引导 AI 使用反问句和设问句，可以增加文章的互动性。

提示词示例：在文章中适当加入一些反问句，引发读者思考。

生成内容：难道你不想让生活变得更美好吗？

4．使用情感词汇

在提示词中要求 AI 使用带有情感色彩的词汇，增强文章的感染力。

提示词示例：请用充满激情的语言，描述一下这次旅行的感受。

生成内容：这次旅行真是太棒了，令人难忘！

5．口语化表达

让 AI 使用日常生活中的口语化表达，避免过于正式。

示例：

生硬的表达：此方法具有显著效果。

自然的表达：这招特别管用！

6．像与朋友聊天一样写作

在提示词中明确要求 AI 以聊天的方式来写作。

提示词示例：请以朋友间聊天的口吻介绍一下这个新功能。

注意事项：有时候，AI 可能会过于随意，使用不恰当的俚语。这时，我们可以在提示词中加上限制。例如，给出以下提示词："以轻松但专业的语气，介绍一下这个新功能，避免使用俚语。"

7. 适当的停顿和节奏变化

引导 AI 注意句子的长短和节奏，让文章读起来更顺畅。

提示词示例：在写作中使用短句和逗号，保持轻松的节奏感。

8. 使用幽默元素

在提示词中要求 AI 加入适当的幽默元素。

提示词示例：请在文章中加入一些幽默表达或俏皮话，让内容更有趣。

可能出现的问题：

AI 的幽默感可能不太符合我们的预期。如果出现这种情况，我们可以手动修改，或者在提示词中提供具体的例子。

9. 使用地道的成语和俗语

要求 AI 适当使用成语和俗语，让文章更接地气。

提示词示例：在描述过程中，适当加入一些成语和俗语，增加文章的亲和力。

（五）注意事项

1. 场合适配

根据不同的写作场景，给 AI 明确的指令。

示例：

提示词 1：这是一篇面向专业人士的报告，语气要正式严谨。

提示词 2：这是一篇写给初学者的科普文章，语气要轻松易懂。

2. 保持一致性

提示 AI 保持前后一致的语气，避免风格混乱。

提示词示例：请保持整个文章的语气一致，避免忽而正式忽而随意。

3. 把握尺度

在追求自然语气的同时,注意不要过于随意,影响文章的专业性。

提示词示例:在提供理财建议时,语气可以亲切,但要保持专业,不要使用过于口语化的表达。

(六) 人工干预与优化

即使我们精心设计了提示词,AI 生成的内容也可能不尽如人意。这时候,就需要我们进行人工干预,对内容进行二次修改。

✍ 实操示例

> 问题:
> AI 生成的内容中使用了不合时宜的幽默表达,影响了文章的专业性。
>
> 解决办法:
> -修改提示词。在提示词中强调幽默要适度,符合主题。例如,给出以下提示词:"请在文章中加入适当的幽默表达,但要避免偏离主题。"
> -手动调整。对不合适的部分进行修改或删除。
> -重新生成。如果问题较多,可以调整提示词后,重新让 AI 生成内容。

(七) 实战案例

为了更好地理解,我们来看一个实战案例。

> 初稿:
> 该产品具有卓越的性能。
>
> 优化提示词:
> 请用轻松的语气描述该产品的性能。

> AI 生成：
> 这玩意儿好用得不得了！
>
> 人工干预：
> 这玩意儿真是好用得不得了，简直让人爱不释手！

"优秀的 AI 写作不是要模仿人类的写作，而是要让读者忘记这是 AI 创作的内容。"

修辞手法应用

比喻与拟人

你有没有发现,当我们说"太阳公公露出了笑脸"或者"春风像温柔的手抚摸着脸颊"时,文字立马鲜活了起来?这就是比喻和拟人的魔力。在让 AI 写出有人情味的文章时,巧妙运用这两种修辞手法,能让机器生成的文字更贴近人心。

(一)让 AI 学会比喻

1. 什么是比喻?

比喻,就是把一个东西比作另一个东西,用熟悉的事物来解释陌生的概念。它就像是给文字加了点"调味料",让读者更容易理解,也更有兴趣继续读下去。

2. 如何引导 AI 使用比喻

要让 AI 帮你写出带有比喻的句子,关键在于提示词,也就是你给 AI 的指令。

✎ 实操示例

初始提示词：
请描述一下这款新手机的速度。

AI 生成：
这款新手机的运行速度非常快。

优化提示词：
请用生动的比喻描述这款新手机的速度。

优化后的 AI 生成：
这款新手机的速度就像闪电一样快。

3. 注意事项

-**避免陈词滥调**：AI 有时会给出一些老套的比喻，比如"快得像风一样"。这时候，你可以进一步引导 AI。

继续优化提示词：请使用更独特、新颖的比喻，避免常见的表达。

再次优化后的 AI 生成：这款新手机的速度快得像子弹出膛，让你体验飞一般的感觉。

-**鼓励创意**：如果觉得 AI 的比喻还不够生动，可以鼓励它再创新。

继续优化提示词：请再尝试几个更有创意的比喻。

4. 实战小贴士

-**明确要求**：在提示词中明确要求使用比喻，并指定要比作什么类型的事物。例如，给出以下提示词："请通过将这款软件比作日常生活中的某件物品来描述其易用性。"

-**控制风格**：如果你希望比喻更贴近某种风格，可以在提示词中加以说明。例如，给出以下提示词："请用幽默的方式比喻这款游戏的难度。"

（二）让 AI 学会拟人

1. 什么是拟人？

拟人，就是把非生物的东西当成人来写，赋予它们情感和动作。这样，文字就更有画面感和亲切感。

2. 如何引导 AI 使用拟人手法

> ✎ 实 操 示 例
>
> 初始提示词：
>
> 请描述一下这座古老的钟楼。
>
> AI 生成：
>
> 这座古老的钟楼很高，已经存在了几个世纪。
>
> 优化提示词：
>
> 请用拟人的手法描述这座古老的钟楼。
>
> 优化后的 AI 生成：
>
> 这座古老的钟楼静静地伫立着，仿佛一位饱经风霜的老人，默默注视着城市的变迁。

3. 处理 AI 可能出现的问题

-**过度拟人化**。有时 AI 可能会过火，让描述变得奇怪。

示例：钟楼开始跳舞了。

解决方法：引导 AI 进行合理的拟人。

提示词：请确保拟人手法符合事物的特性，避免不合理的行为。

-**情感不匹配**：AI 可能赋予事物不恰当的情感。

示例：石头开心地笑了。

解决方法：提醒 AI 注意情感的合理性。

提示词：请重新描述，确保赋予的情感符合事物的特征。

4. 实战小贴士

-**指定情感或动作**：在提示词中明确你希望赋予的情感或动作。例如，给出以下提示词："请将这条河流拟人化，表现出它的温柔与宁静。"

-**结合场景**：让 AI 把拟人融入具体的情境中。例如，给出以下提示词："在夕阳下，描述树林的拟人化景象。"

（三）和 AI 一起"打磨"文字

1. 循序渐进地调整

AI 并不总能一次性给出完美的结果。这时候，你需要一步步引导。

> 初始提示词：
> 请用比喻和拟人的手法，描述一下春天的到来。
>
> AI 生成：
> 春回大地，万物复苏。
>
> 优化提示词：
> 请再生动一些，加入更多的比喻和拟人。
>
> 优化后的 AI 生成：
> 春天像一位温柔的画家，用绿色的画笔点亮了大地，花儿们羞涩地绽放笑颜。

2. 处理常见问题

-**过于夸张或不合逻辑**：AI 可能会给出不合逻辑的比喻或拟人。

示例：太阳在地平线上跳舞。

解决方法：提醒 AI 注意逻辑性。

提示词：请确保描述合乎逻辑，避免不可能的行为。

-重复性表达：AI 可能会重复使用相同的修辞。

解决方法：要求 AI 提供多样化的表达。

提示词：请尝试不同的比喻和拟人手法，避免重复。

3. 人工干预的必要性

有时候，AI 的回答可能还不尽如人意。这时候，就需要我们亲自润色一下。包括：

-调整措辞：修改不合适的词语，让表达更贴切。

-确保连贯：检查前后文是否一致，修正不连贯的地方。

-加入个人风格：根据你的喜好增删一些内容，让文字更符合你的风格。

（四）实战案例

案例一：描述一座城市的夜景。

初始提示词：

请描述这座城市的夜景。

AI 生成：

这座城市的夜景很美，灯光很多。

优化提示词：

请用比喻和拟人的手法，生动地描述这座城市的夜景。

优化后的 AI 生成：

夜晚的城市像一片闪耀的星海，街灯仿佛在向行人眨眼，高楼大厦静静矗立，守护着这片繁华。

再次优化提示词：

请再加入一些听觉和嗅觉的描述。

再次优化后的 AI 生成：

夜晚的城市像一片闪耀的星海，街灯仿佛在向行人眨眼。街道上传来喧闹的笑声，空气中弥漫着美食的香味，高楼大厦静静矗立，守护着这片繁华。

案例二：写一封鼓励朋友的短信。

初始提示：

请写一封鼓励朋友的短信。

AI 生成：

加油，你一定能行的！

优化提示词：

请用比喻和拟人的手法，写一封温暖的鼓励短信。

优化后的 AI 生成：

亲爱的朋友，生活就像一场旅程，有风雨也有彩虹。别忘了，乌云后面总有太阳在微笑，等待着为你照亮前方的路。

"修辞就像文字的魔法，而比喻和拟人就是让 AI 写作充满温度的秘诀。让我们和 AI 一起，用文字打动人心吧！"

夸张与反讽

你有没有发现，平时我们总爱说"我等得花儿都谢了"或者"这事儿简单得小孩都能做"？这些都是夸张和反讽的妙用。在让 AI 写作更有"人味"这件事上，巧妙运用这两种修辞手法，能让文章瞬间鲜活起来，像加了调料的美食，香气扑鼻。

（一）夸张手法的妙用

1. 教 AI 学会夸张

夸张，就像给文字装上了放大镜，把平凡的事儿说得特别，让人印象深刻。

可问题来了，AI 可是个"老实人"，它总是按部就班地写，怎么办呢？这就需要我们在提示词上动脑筋。

如何修改提示词：

-加入夸张的要求。在提示词中明确告诉 AI 使用夸张的手法。例如，给出以下提示词："请用夸张的手法描述一下这款手机的速度。"

-提供具体的方向。告诉 AI 你希望夸大的是什么，是速度、大小还是情感。例如，给出以下提示词："描述这场音乐会，用夸张的方式突出它的震撼效果。"

2．AI 夸张可能出现的问题

AI 可能会过度夸张，导致不合逻辑，或者夸张得让人感觉太假。可使用以下方法进行解决：

-引导 AI 适度夸张。在提示词中加上"适度"或者"贴近生活"等词语。例如，给出以下提示词："请用适度的夸张手法，描述一下这道菜有多好吃。"

-多次尝试，对提示词进行多次微调。

✎ 实 操 示 例

> **初始提示词：**
> 描述一下这杯咖啡。
>
> **AI 生成：**
> 这杯咖啡味道不错。
>
> **优化提示词：**
> 请用夸张的手法，生动地描述一下这杯咖啡的美味。
>
> **优化后的 AI 生成：**
> 这杯咖啡香浓得仿佛能唤醒沉睡的巨人，每一口都是味蕾的盛宴！

（二）反讽的艺术

1．教 AI 领会反讽

反讽，犹如话中藏话，表面传达一层意思，实则蕴含深意。AI 则往往直来直去,缺乏迂回之能,因此需要我们教会它如何巧妙转弯。

如何修改提示词:

-明确使用反讽。例如,给出以下提示词:"请用反讽的方式评论一下这个总是迟到的同事。"

-提供反讽的方向。告诉 AI 是要"明贬实褒"还是"明褒实贬"。例如,给出以下提示词:"用明褒实贬的反讽手法,评价一下这部糟糕的电影。"

2. AI 反讽可能出现的问题

AI 可能理解不了反讽的精髓,要么不够幽默,要么表达得不够明显。可使用以下方法进行解决:

-示范引导。在提示词中提供一个例子,帮助 AI 理解。例如,给出以下提示词:"'真是太准时了,每次都要等他半小时',请你也用这种反讽方式,评论一下那个总是迟到的同事。"

-强调语气和措辞。提醒 AI 注意语气,让反讽更自然。

✎ 实操示例

初始提示词:

评价一下那个总是迟到的同事。

AI 生成:

他总是迟到,这样不好。

优化提示词:

请用反讽的手法,评价一下那个总是迟到的同事。

优化后的 AI 生成:

他真是时间管理大师,总能让我们有机会多等一会儿。

(三)人机协作的注意事项

1. 把握尺度

AI 在夸张和反讽上可能会拿捏不准,要么太过要么不够。这时候,我们需要人工干预，适当调整。

2. 多轮对话，引导 AI

不要指望一次提示就能搞定，多和 AI 聊几句，逐步引导它朝着你想要的方向走。

3. 结合上下文，保持连贯

确保 AI 的夸张和反讽与文章的整体内容契合，不要让它跑偏了。

（四）实战案例

> 写一篇关于手机电量不耐用的文章，用夸张和反讽手法来表达。
>
> **初始提示词：**
> 请写一段关于手机电量的抱怨。
>
> **AI 生成：**
> 我的手机电量不太耐用，经常需要充电。
>
> **优化提示词：**
> 请用夸张和反讽的手法，生动地抱怨一下手机电量不耐用的问题。
>
> **优化后的 AI 生成：**
> 我的手机电量真是持久得惊人，只要看两眼消息，它就迫不及待地想要回到充电器的怀抱！
>
> **再次优化提示词：**
> 再夸张一点，加入比喻。
>
> **再次优化后的 AI 生成：**
> 我的手机电量就像流星，一闪而过；每次出门，它都在挑战我能不能在电量耗尽前回家，真刺激！

通过一步步引导，调整提示词，我们让 AI 写出了有趣、生动的内容。这其中，既有 AI 的智能，也有我们人类的智慧。

"语言的魅力，不在于辞藻的堆砌，而在于那一点点夸张和反讽，让文字有了灵魂，有了温度。"

押韵与重复

还记得小时候那些朗朗上口的儿歌吗？"小白兔白又白，两只耳朵竖起来。"简单的一句话，怎么就能让我们记了一辈子？答案就在于押韵和重复的魔力。用到 AI 写作里，这两招不光能让内容"活"起来，还能让文章多一些"人味"，更容易打动读者。

不过，你可能会问："这些技巧听起来挺有意思，但怎么教 AI 做到呢？"别急，本节我就手把手教你用 AI 玩转押韵和重复。

（一）押韵的艺术：如何调教 AI 写得更"顺口"？

押韵就像给文字穿上音乐的外衣，让人听着舒服、记得牢。那么，在 AI 写作中如何实现呢？

1. 提示词设计：告诉 AI 你需要押韵

如果你想生成押韵的句子，就要明确告诉 AI。例如，给出以下提示词："用押韵的方式写一个广告语，突出产品实惠，质量又好。"

> **AI 生成：**
> 实惠又耐用，生活添轻松。

如果你觉得这个不够好，可以调整提示词，加入细节描写。例如，给出以下提示词："用更轻松幽默的押韵手法写一句手机充电器的广告语，强调年轻人爱用。"

> **优化后的 AI 生成：**
> 充电快速又方便，年轻酷炫新体验！

2. 调整风格：押韵有活泼的，也有严肃的

不同场景需要不同的押韵风格。如果是科普文章，可以让 AI 押韵但别太过花哨，例如，"探索太空新奇迹，科技未来在这里。"而在营销文案中，可以更有趣，例如，"睡得香，梦更长，挑对枕头身体棒。"

3. 常见问题：AI 押韵"用力过猛"

有时候，AI 可能会因为追求押韵而牺牲语意，例如，"吃饭就用这双筷，保你胃口不再坏。"

这种生硬的句子，我们可以通过补充提示词来解决，例如，给出以下提示词："押韵要自然，重点突出实用性，别太做作。"

优化后的 AI 生成：好筷好饭香，一口健康尝。

（二）重复的力量：AI 能不能重复得恰到好处？

重复的妙处在于强调和渲染，但要是用得太多，就成了唠叨。那 AI 写作怎么做到既适度又有效呢？

1. 提示 AI：重复要分层次

想让 AI 写出有层次感的重复，就要明确要求。例如，给出以下提示词："用递进式重复写一句激励语，表达成长的意义。"

> **AI 生成：**
> 我们需要改变，需要努力，更需要不懈坚持。

> **优化提示词：**
>
> 增加情感渲染，让句子更鼓舞人心。
>
> **优化后的 AI 生成：**
>
> 改变，是为了让今天更好；努力，是为了让明天更亮；坚持，是为了让未来更闪光。

2. 首尾呼应：AI 容易漏掉的关键

如果你想让文章首尾呼应，就要提醒 AI。例如，给出以下提示词："写一段关于梦想的短文，开头和结尾重复'梦想是我们的灯塔'。"

AI 生成：梦想是我们的灯塔，指引我们前行的路。每一次跌倒，每一次爬起，都是为了离梦想更近一步。是的，梦想是我们的灯塔。

3. 避免"复读机"问题

AI 有时候会机械地重复一个词，像是卡了带。例如，AI 重复写"我们期待您的回复，我们期待您的支持，我们期待您的参与……"这种单一的重复，未结合具体场景或情感渲染，沦为机械化的客套话，无法打动读者。

解决方法：提示 AI 加入不同层次的情感或内容，例如，给出以下提示词："用'期待'作为关键词，但每句话传达不同的情感或意义。"

> **AI 生成：**
>
> 我们期待技术的进步，期待知识的更新，更期待智慧的无限可能。

（三）押韵与重复的"组合拳"

押韵和重复并不是孤立存在的，把它们结合起来，效果更惊艳！

例如，你想写一段关于读书的宣传语，可以这样提示："用押韵和重复结合的方式写一句读书标语，强调阅读的力量。"

> **AI 生成：**
>
> 阅读让人有力量，力量伴你创辉煌。

如果不够生动，可以补充要求："让句子更口语化，适合学生记住"。

优化后的 AI 生成：

爱读书，多读书，知识力量顶呱呱！

✎ 实操示例

AI 写诗歌

让我们来看一个 AI 生成的诗歌，感受一下押韵和重复的魅力。

提示词：

请写一首中国古典风格的四句诗，每句七个字，要求：

-第一句和第二句押"ong"韵，遵循平仄格律。

-主题围绕星空、梦想、内心感悟。

-意境要有空间感（从天空到内心），情感基调要充满希望，意象要运用星光、夜空等自然元素。

-表达风格：清新自然、意境优美、由实景到抽象情感过渡。

-情感层次：开始是对星空的描绘，接着过渡到个人感受，最后升华到对未来的期待。

AI 生成：

星光洒满夜空中，
思绪飞扬在心中。
星星点点亮一片，
梦想从此更不同。

在这首小诗里，"星光"和"心中"押韵，"星"和"梦想"重复出现，既有节奏感，又强化了主题。

（四）人工干预：如何从 AI 写作中提炼精品？

AI 生成的内容是半成品，真正出彩还是得靠你来打磨。以下是几个小技巧：

1. 筛选优质句子

在 AI 生成的多段内容里，挑出押韵自然、重复恰当的部分，再组合成最佳版本。

2. 适度调整语气

AI 生成的语气可能偏僵硬或公式化,可以手动调整语气,使其更贴近读者。

3. 补充情感和细节

AI 可能写得比较概括,缺少细腻的情感表达。例如,

> **AI 生成:**
> 努力就会成功。
>
> **人工修改后:**
> 每一滴汗水都不会白流,努力的路上总会迎来成功的光。

"押韵让文章有节奏,重复让情感更深厚,AI 帮你把文字玩出新花样。"

结构魔术：让 AI 叙事有呼吸

04

叙述方式创新

多维度叙述技巧

在让 AI 帮我们写文章的时候,你可能会发现,AI 写出来的内容有时候有点平淡,缺乏层次感和深度。别担心,这就像咱们在厨房做菜,调料放得不对味,菜的味道自然差强人意。只要学会调整"提示词"这个调料瓶,就能让 AI 写的文章变得生动有趣,充满"人味"。

(一)什么是多维度叙述?

简单来说,多维度叙述就是从多个角度、多种层次去讲故事。就好比拍照片,单一角度只能看到事物的一面,而换个角度,可能会发现完全不同的美。通过引导 AI 使用多维度的叙述技巧,文章就能更加立体、生动,读者也会读得津津有味。

(二)如何在 AI 写作中运用多维度叙述

1. 调整提示词,引入时间维度

如果我们想让 AI 从时间的角度展开叙述,可以在提示词中明确要求。例如,

> **初始提示词：**
> 请介绍一下这个产品。
>
> **优化提示词：**
> 请从过去、现在和未来三个时间段，介绍一下这个产品的发展和影响。

这样，AI 就会按照时间顺序，帮助我们描绘出产品的成长轨迹，让文章有了时间上的纵深感。

2. 引导 AI 扩展空间维度

想让 AI 从不同的空间层次来描述事物，可以这样调整提示词：

> **初始提示词：**
> 请描述一下这座城市。
>
> **优化提示词：**
> 请从宏观、中观和微观三个层次，描述这座城市的特点。宏观上讲讲城市的整体风貌，中观介绍一下主要街区，微观聚焦到街角的咖啡店。

这么一来，AI 就会带着我们先俯瞰全城，然后一步步深入，直到城市的细微之处，文章的画面感立马提升了。

3. 指导 AI 切换人物视角

为了让故事更有层次，我们可以让 AI 从不同角色的角度来进行讲述。

> **初始提示词：**
> 请讲述一次登山的经历。
>
> **优化提示词：**
> 请分别从登山者、向导和山脚村民的角度，讲述这次登山经历。

这样，AI 就能帮我们呈现出同一事件在不同人眼中的样子，故事也就更加丰富多彩了。

4. 在提示词中融入情感维度

情感是文章的灵魂。我们可以在提示词中强调这一点。

> **初始提示词：**
> 请描述一下这个事件。

> **优化后的提示词：**
> 请从理性分析和感性体验两个方面，描述一下这个事件，注意加入你的情感和感悟。

AI 会按照我们的要求，既给出客观分析，又融入情感描写，让文章更有温度。

5. 引导 AI 深化认知维度

想让文章有深度，我们可以要求 AI 进行更深入的思考。

> **初始提示词：**
> 请解释一下这个现象。

> **优化提示词：**
> 请先描述这个现象的表象，再分析其背后的原因，最后探讨其对未来的影响和意义。

这样，AI 会帮我们一步步剖析问题，文章的深度自然就上来了。

（三）实战技巧和常见问题

1. AI 可能出现的问题

-内容浅显，缺乏深度。

解决方法：在提示词中明确要求深入分析。例如，加上"请深入探讨""请详细说明"等指令。

-叙述单一，缺乏层次。

解决方法：引导 AI 从多个维度展开，如时间、空间、人物等，在提示词中具体说明。

-语言生硬，缺乏生动性。

解决方法：在提示词中加入风格要求，如"请用生动有趣的语言""多使用比喻和故事"等。

2. 给 AI 新的指令，完善文章

如果初次生成的文章不够理想，可以进一步引导 AI：

-追加提示。如果觉得某部分不够详尽，可以让 AI 继续深入。例如，给出提示词："请详细介绍一下这个部分。"

-调整语气。如果觉得语气太正式，可以要求："请用轻松幽默的语气重写一下。"

-强调重点。让 AI 突出某些重要信息，可以要求："请突出说明这个事件对人们生活的影响。"

3. 人工干预，润色提升

即使 AI 已经帮我们完成了大部分工作，但最后的润色还需要我们自己来完成，具体工作包括：

-检查逻辑。确保文章结构合理，前后连贯。

-增添个人特色。加入自己的观点或独特的表达方式。

-修正错误。有些细节可能需要我们亲自确认和修改。

（四）实战案例

> **场景：**
> 让 AI 写一篇关于环保的文章。
>
> **初始提示词：**
> 请写一篇关于环保的文章。
>
> **优化提示词：**
> -时间维度：请从过去、现在和未来三个时间点，谈谈环保的重要性。
> -请从全球、国家和个人三个层面，讨论环保措施。

- 人物视角：请分别从科学家、政府官员和普通市民的角度，讲述环保的意义。
- 情感维度：请分享一个与你有关的环保故事，表达你的感受。
- 认知维度：请分析当前环保面临的挑战，并提出你的解决建议。

经过这样的提示词优化，AI 生成的文章内容丰富，层次分明，读起来就会让人眼前一亮。

"文字是思维的载体，多维度叙述则是让思维立体化的魔法。"

时空转换方法

你有没有过这样的体验？读着一篇文章，故事情节忽然从现代跳到了过去，或者从某个地方瞬间转移到了另一个场景。这种时空的转换，就像给故事加了魔法特效，让人欲罢不能。

现在，有了 AI 写作助手，我们怎么才能让它也玩转这种时空转换的技巧呢？

（一）时空转换的基本概念

时空转换，说白了，就是在写作中巧妙地切换时间和空间，让故事更加立体。就像一部精彩的电影，时而回到主人公的童年，时而又回到现实，让观众跟着情节跌宕起伏。

在让 AI 协助写作时，我们需要明确地告诉它，我们想要这样的效果。毕竟，AI 还不懂得主动给故事加"特效"，需要我们来引导。

（二）如何引导 AI 进行时空转换

1. 修改提示词，明确需求

AI 写作的关键在于提示词的设计。要让 AI 进行时空转换，我们需要在提示词中明确地表达这一需求。例如，提示词 1：请以第一人称写一篇故事，从现在的时间点开始，途中通过回忆穿插过去的情节，最后回到现在。

提示词 2：帮我写一段故事，描述主人公在某个地点发生的事情，然后时空切换到另一个地点，展现两地的对比。

2. 使用过渡词，引导转换

提示词中加入一些过渡词，能让 AI 更好地理解你的意图。例如，

"当我看到那张照片时，思绪不由地飘回到了小时候……"

"与此同时，在城市的另一端，有人正在……"

3. 分步引导，细化场景

如果一次性让 AI 生成完整的时空转换故事，它可能会有些"蒙圈"。这时候，我们可以分步引导。例如，

-第一步提示：写一段我在公园散步的情景。

-AI 生成内容。

-第二步提示：在这段文字后，加入一段回忆，描述我童年时在这个公园的故事。

-AI 继续生成内容。

……

就这样一步步来，AI 就能更准确地按你的思路进行创作。

（三）AI 生成时空转换内容时常见的问题

1. 转换生硬，不够自然

有时候，AI 生成的时空转换可能比较突兀，读者看起来会觉得生硬。

解决方法：在提示词中加入过渡句，例如，"突然想起""回忆起""与此同时"等。

如果 AI 生成的内容还是不自然，可以手动调整，或者进一步引导 AI："请在前后段落之间加入自然的过渡。"

2. 时空线索混乱

AI 可能会搞不清楚时间线，导致故事前后矛盾。

解决方法：明确时间点，在提示词中注明："请注意时间顺序，先发生什么，后发生什么。"或让 AI 梳理时间线："请检查并确保故事的时间线是清晰的。"

3. 缺乏情感和细节

AI 生成的内容有时候会比较平淡，没有情感。

解决方法：在提示词中强调："加入更多的情感描写和细节。"
如果仍然没有改善，可以手动添加自己的感受和细节。

（四）实战案例

案例 1：闪回法。

> 初始提示词：
> 写一段主人公在故乡散步的故事。
>
> AI 生成：
> 主人公走在故乡的街道上，周围的一切都那么熟悉。

有点平淡，不够精彩。

> 优化提示词：
> 写一段主人公在故乡散步的故事，当他看到老树时，回忆起童年的趣事，随后回到现实。请加入情感和细节描写。
>
> 优化后的 AI 生成：
> 主人公漫步在故乡的小路上，微风拂面。当他走到那棵熟悉的老树下，抬头望着繁茂的枝叶，儿时的记忆涌上心头。那年夏天，他和小伙伴们在树下捉迷藏，欢笑声洒满了整个村庄。回到现实，他感慨时光飞逝，物是人非。

AI写作质量显著提升。

案例2：平行叙述。

> **初始提示词：**
> 写一个发生在两个城市的故事。
>
> **AI生成：**
> 在北京，有一个小伙子正在工作。在上海，有一个姑娘正在读书。

有些单调。

> **优化提示词：**
> 写一个发生在北京和上海的故事，通过平行叙述展示两位主人公的生活，最后他们的命运交织在一起。请丰富细节。
>
> **优化后的AI生成：**
> 在熙熙攘攘的北京，李明挤上了早高峰的地铁，开始了新一天的忙碌。与此同时，在繁华的上海，王芳背着书包走进校园，迎接她的毕业考试。两个人都在为各自的梦想奋斗，却不知道命运的红线已经悄然连接。数月后，他们在一场展览会上不期而遇，故事由此展开。

故事更有吸引力了！

（五）人工干预的重要性

尽管AI已经帮了我们很大的忙，但要让文章真正有"人味"，还需要我们的人工干预。

-细化情节：对AI生成的内容进行修改，加入自己的思考和创意。

-润色语言：调整句子，让表达更加流畅、自然。

-检查逻辑：确保故事的时间线清晰，情节不矛盾。

例如，在上面的案例中，我们可以进一步丰富李明和王芳的背景故事，加入他们内心的挣扎和成长，这些都是AI可能无法完全替代的。

（六）实战案例

初始提示词：
写一个主人公通过老照片回忆往事的场景，包含现在和 20 年前两个时空。

AI 生成：
张明翻看照片，想起了童年。那时候他经常和伙伴们玩耍。现在他已经长大了。

问题： 转换生硬，细节不足

优化提示词：
请详细描写主角翻看照片的动作和心理，通过照片中的具体细节（如服装、表情等）自然引出回忆。回忆场景要有声音、气味等感官描写。最后要通过一个现实中的触发点（如电话铃声）回到现在。

优化后的 AI 生成：
张明轻轻摩挲着那张泛黄的照片，照片里穿着红色小背心的男孩正对着镜头咧嘴大笑，露出一颗缺了的门牙。指尖传来的细微触感，仿佛打开了记忆的闸门。

二十年前的夏天，蝉鸣声中，他和伙伴们在老槐树下捉迷藏。树叶的沙沙声，混合着孩子们的欢笑声，空气里飘着槐花清甜的香气……

手机铃声突兀地响起，张明回过神来，照片上的笑脸与镜子里自己眼角的笑纹重合。时光飞逝，但快乐永恒。

通过这样的调教过程，我们让 AI 生成的内容既保持了时空转换的流畅性，又增添了丰富的细节和情感。

"时空转换,就像给故事装上了翅膀。在 AI 的协助下,我们的写作将更加自由,想象力也将飞得更高、更远。"

视角切换运用

想象一下,你正在看一部电影,镜头一会儿跟着主角跑,一会儿又切换到反派的视角,展现他的阴谋。这种视角切换是不是比一直盯着主角看有意思多了?写文章也是一样,视角切换就像电影里的镜头切换,能让读者体验不同的感受,更深入地理解故事和人物。而在这个过程中,人工智能(AI)可以成为你得力的助手,帮助你实现丰富多彩的视角切换。

(一)常见的视角切换方式

1. 人称视角切换

还记得小时候玩的过家家游戏吗?我们可以轻松切换不同角色。在写作中也是如此:

-第一人称("我"):就像写日记一样,用"我"来叙述,代入感极强,读者仿佛身临其境,跟着"我"一起经历喜怒哀乐。例如,"我走在回家的路上,路灯昏黄,我的心情也像这灯光一样黯淡。"这种视角很容易拉近与读者的距离,让读者产生共鸣。

-第二人称("你"):这种视角比较特别,它直接把读者拉进故事里,让读者成为故事的参与者。例如,"你站在十字路口,犹豫着该往哪走,这时,一个陌生人向你走来……"这种视角常用在互动性比较强的场景中,如游戏攻略、心理测试等。

-第三人称("他/她/它"):这是最常见的视角,就像一个旁观者在讲述故事,可以展现更广阔的场景和更多的人物。例如,"他站在窗边,看着远处的夕阳,心中充满了惆怅。"这种视角比较客观,可以更全面地展现故事。

2. 空间视角切换

就像无人机航拍，我们可以从不同高度和角度来观察。

-近景：细节刻画，情感渲染，让读者感受到场景的真实感。

-远景：全局把握，场景铺陈，展现更宏大的背景。

-移动视角：动态描写，节奏变化，增强故事的动感。

3. 时间视角切换

像时光机一样，在现在、过去、未来之间穿梭。

-现在时：即时感受，让读者与故事同步。

-回忆式：深度解读，通过回忆展现背景和动机。

-预测式：未来展望，为故事增添悬念和期待。

（二）如何运用视角切换

1. 制造悬念

比如，你正在用第一人称描写一个惊险的场景，突然切换到第三人称，描写另一个角色的行动，这样可以制造悬念，让读者好奇接下来会发生什么。

2. 展现不同人物的内心世界

通过切换到不同人物的视角，可以展现他们不同的想法和感受，让人物形象更加丰满立体。例如，通过一段文字描写主角的焦虑，然后切换到反派的视角，展现他得意的笑容。这种对比可以增强戏剧效果。

3. 控制叙事节奏

在一些关键情节上，可以切换到不同的视角，来控制叙事节奏，让故事更加跌宕起伏。比如，在一个紧张的追逐场景中，可以快速切换不同角色的视角，增强紧张感。

4. 深化主题

通过不同视角的描写，可以从不同的角度来展现主题，让主题更加深刻。例如，一个关于环保的故事，可以从人类、动物、植物等不同视角来展现环境污染的危害，从而深化环保的主题。

（三）如何利用 AI 实现视角切换

在现代写作中，AI 不仅能帮你生成内容，还能协助你进行视角切换，让你的故事更加丰富多彩。那么，如何有效地利用 AI 来进行视角切换呢？

1. 修改提示词

AI 的表现很大程度上取决于你给它的提示词。要让 AI 帮助你进行视角切换，首先需要设计清晰、具体的提示。例如，

原文（第一人称）：我走在回家的路上，感到非常疲惫。

提示词（第三人称）：请将以下第一人称句子转换为第三人称：我走在回家的路上，感到非常疲惫。

2. 调教 AI 的技巧

有时候，AI 生成的内容可能不是你想要的效果，这时候需要进一步调教 AI。
常见问题及解决方法：

-视角不一致，AI 生成的段落中视角混乱。解决方法：明确指出需要保持某一特定视角，并在提示中强调。例如，给出以下提示词："请保持第三人称视角，继续描述主角的内心活动。"

-情感表达不足，AI 描述缺乏情感深度。解决方法：在提示中加入情感词汇。例如，给出以下提示词："请用更具情感的语言描述主角的焦虑。"

-细节不够丰富，AI 生成的内容过于简略。解决方法：要求 AI 增加细节描写。例如，给出以下提示词："请详细描述森林中的环境和主角的感受。"

（四）实战案例

让我们通过一个实际操作，看看如何结合 AI 和人工干预，实现高质量的视角切换。

场景：主角艾米在城市中迷路，遇到了一只神秘的猫咪。

1. 第一人称视角描述

提示词：请用第一人称视角描述艾米在城市中迷路的情景。

AI生成：我走在陌生的街道上，四周都是高大的建筑和繁忙的人群。我感到越来越迷茫，不知道该往哪儿走。突然，一只黑色的猫咪跳到了我的脚边，盯着我看。

2. 第三人称视角转换

提示词：将以下第一人称段落转换为第三人称视角："我走在陌生的街道上，四周都是高大的建筑和繁忙的人群。我感到越来越迷茫，不知道该往哪儿走。突然，一只黑色的猫咪跳到了我的脚边，盯着我看。"

AI生成：艾米走在陌生的街道上，四周都是高大的建筑和繁忙的人群。她感到越来越迷茫，不知道该往哪儿走。突然，一只黑色的猫咪跳到了她的脚边，盯着她看。

3. 第三人称（猫咪视角）转换

提示词：请从猫咪的视角描述艾米在城市中迷路的情景。

AI生成：这只黑色的猫咪好奇地注视着一个看起来迷茫的人类。她在繁忙的街道上徘徊，不时四处张望，似乎在寻找什么。猫咪决定跟随她，看看她接下来会做什么。

4. 人工优化

优化后的猫咪视角：这只黑色的猫咪好奇地注视着艾米。她在灯火辉煌的街道上徘徊，脸上满是困惑和焦虑。猫咪轻轻跷起爪子，尾巴摇摆，决定悄悄地跟随她，希望能找到帮助艾米的机会。

通过这一系列的操作，AI不仅帮助完成了视角转换，还通过人工干预提升了内容的情感深度和细节描写，使故事更加生动和吸引人。

"视角的转换，如同舞台上的聚光灯，照亮故事的不同侧面，让人物的内心世界熠熠生辉。"

悬念与转折

悬念设置方法

说到写作，悬念无疑是抓住读者眼球的"秘密武器"。你有没有过这样的时候，读完一本书，心里一直琢磨着"接下来会发生什么"？这就是悬念的魅力所在。悬念不仅让故事更吸引人，还能让读者一直保持兴趣，翻页不断。那么，如何在你的作品中巧妙地设置悬念呢？尤其是在利用人工智能（AI）辅助写作的今天，我们又该如何让 AI 帮我们制造出引人入胜的悬念呢？

（一）悬念设置的技巧

1. 制造不确定性

首先，悬念的核心就是不确定性。生活中，我们经常会遇到各种未知的情况，这种不确定性会让我们感到紧张和期待。同样地，在故事中引入不确定性，可以让读者一直猜测接下来的发展。

当你使用 AI 生成内容时，可以通过修改提示词来引导 AI 制造不确定性。例如，输入提示词时可以加入"留下谜团""未解之谜"等关键词。

✎ 实操示例

初始提示词：
写一个侦探发现神秘信件的情节。

AI 生成：
侦探约翰发现了一封信，信中详细描述了一个隐藏的宝藏地点。

优化提示词：
写一个侦探发现一封神秘信件的情节，但不要透露信的全部内容，留下悬念让读者猜测。

优化后的 AI 生成：
侦探约翰在旧书店的角落发现了一封泛黄的信件，信中提到一个神秘的地点，但具体位置却模糊不清，仿佛在引导他进入一个未知的迷宫。

注：限于篇幅，AI 生成内容无法完全展现，本书示例中仅给出对 AI 生成内容的概要描述。

2. 信息的有意隐藏

在写作中，适当的"藏着掖着"是一种常见的悬念设置方法。通过有选择地透露信息，你可以引导读者的注意力，同时埋下伏笔，让他们在后续的阅读中发现线索，逐步揭开谜团。

在提示 AI 生成内容时，可以指示 AI 只透露部分信息。例如，"只描述部分细节，不要全部解释清楚"。

✎ 实操示例

初始提示词：
描述主角的前任出现在故事中的情节。

AI 生成：
主角的前任莉莎出现在咖啡馆，详细讲述了她过去的经历和她回来找主角的原因。

> **优化提示词：**
> 描述主角的前任突然出现在故事中，但不要详细交代前任的背景，留一些神秘感。
>
> **优化后的AI生成：**
> 主角在咖啡馆门口遇到了多年未见的莉莎，她的出现让空气中弥漫着复杂的情感，但她没有多说什么，只是淡淡地微笑了一下，便匆匆离去。

3. 时间限制的紧迫感

时间是制造悬念的另一大利器。设定一个紧迫的时间限制，可以让故事充满紧张感，迫使角色迅速做出决策，推动情节的发展。

在提示词中加入具体的时间框架，如"主角必须在日落前完成任务"，让AI在生成内容时自然融入时间紧迫感。

✎ 实 操 示 例

> **初始提示词：**
> 写一个冒险小说中主角寻找宝藏的情节。
>
> **AI生成：**
> 主角踏上了寻找宝藏的旅程，经历了许多冒险。
>
> **优化提示词：**
> 在一个冒险小说中，描写主角必须在日落前找到隐藏的宝藏，否则一切将化为泡影，突出时间的紧迫感。
>
> **优化后的AI生成：**
> 主角带着地图，踏上了寻找宝藏的紧张旅程。太阳缓缓西下，剩下的时间所剩无几，每一步都充满了危险与挑战，他知道，必须在天黑之前找到那个神秘的宝藏，否则一切都将付诸东流。

4. 运用悬念钩子

悬念钩子是一种在章节或场景结束时设置的悬念点，让读者迫不及待地想要继续阅读下去。常见的悬念钩子包括突然的转折、意外的事件或未解的谜团。

在提示词中指示 AI 在段落或章节结尾加入意外的转折或未解的谜团。例如，给出以下提示词："在章节结尾加入一个意外的事件，留下悬念"。

✍ 实 操 示 例

初始提示词：
写一个章节结尾，内容是主角发现了一个关键线索。

AI 生成：
主角发现了一条重要的线索，决定进一步调查。

优化提示词：
写一个章节结尾，内容是主角发现了一个关键线索，但在他即将深入调查时，被敌人发现并开始追赶，留下悬念。

优化后的 AI 生成：
主角在书架后发现了一本隐藏的日记，里面记载着重要的信息。就在他准备深入研究时，突然听到背后传来脚步声，敌人已经发现了他的踪迹，紧张的追逐战一触即发。

5. 巧妙的伏笔和回收

伏笔是指在故事的早期埋下的小线索，而回收则是在后续情节中将这些线索重新提起，揭示出隐藏的真相。通过伏笔和回收，你可以在不知不觉中增加故事的复杂性和深度，同时保持悬念。

在提示词中可以要求 AI 在故事早期埋下细微的线索，并在后续情节中逐步揭示。例如，给出以下提示词："在故事前半部分设置一个神秘的物品，后半部分再详细说明其作用"。

✎ 实操示例

初始提示词：

写一个科幻故事，故事一开始，主角发现了一个神秘的装置。

AI 生成：

主角在废弃的实验室发现了一个神秘的装置，决定带回家研究。

优化提示词：

写一个科幻故事，主角在故事初期发现了一个神秘的装置，但没有详细说明其用途。随着故事发展，逐步揭示装置的关键作用。

优化后的 AI 生成：

主角在废弃的实验室里偶然发现了一个闪烁着奇异光芒的装置。他小心翼翼地将其带回家，虽然一时无法理解其用途，但直觉告诉他，这个装置与他即将面临的危机有着密切关联……随着剧情的发展，这个神秘装置逐渐显现出其不可思议的功能，成为拯救世界的关键所在。

6. 情感的投入与共鸣

悬念不仅仅是情节上的紧张，更是情感上的牵引。当读者对角色产生深厚的情感共鸣时，他们会更加关心角色的命运，悬念也会因此变得更加有力。

在提示词中要求 AI 深入描写角色的情感和内心活动。例如，给出以下提示词："描述角色在面临危险时的内心挣扎和情感变化"。

✎ 实操示例

初始提示词：

写一个角色面临危险的情节。

AI 生成：

探险家李军在危险中奋力逃生。

优化提示词：

写一个角色面临危险的情节，详细描写他的内心挣扎和对家人的思念，增强情感共鸣。

优化后的 AI 生成：

李明在黑暗的森林中奔跑，心跳如雷。他的脑海中不断闪现出家人的笑脸，特别是妻子温柔的眼神和孩子们天真的笑声。恐惧与责任感交织在一起，让他每一步都充满了挣扎，但他知道，为了家人，他必须坚持下去，绝不能放弃。

7. 多线叙事与并行情节

通过多线叙事或并行情节，你可以同时展开多个故事线，每条线都有自己的悬念点。这种方法不仅丰富了故事的结构，还能让读者在不同的故事线之间切换，保持读下去的兴趣。

在提示词中明确要求 AI 同时展开多条故事线，并为每条线设置独立的悬念。例如，给出以下提示词："写一个故事，主线是主角寻找宝藏，副线是他的好友在追查另一个秘密，两条线互相关联但各自有悬念"。

✎ **实 操 示 例**

初始提示词：

写一个历史小说，描述几位主要人物的生活。

AI 生成：

（平淡地描写了几位主要人物在不同时间段的生活。此处省略具体生成内容。）

优化提示词：

写一个历史小说，描述几位主要人物的生活，每个人都有自己的秘密和挑战，并在故事后期让这些故事线逐渐交织在一起，形成一个大的悬念。

优化后的 AI 生成：

在战火纷飞的年代，主角李明是一名年轻的士兵，暗中调查军队中的腐败问题；与此同时，另一位主要人物张丽是一名医生，秘密救治被压迫的平民；还有一位商人王强，表面上富裕，实际上却卷入了地下交易。随着时间的推移，这几条故事线逐渐交织，当李明发现张丽的秘密时，王强的阴谋也浮出水面，整个故事的悬念达到高潮，读者迫不及待地想知道他们如何面对即将到来的巨大变故。

8．利用环境和氛围

环境和氛围也是制造悬念的重要元素。通过描写紧张的气氛、神秘的场景或异常的天气，你可以潜移默化地影响读者的情绪，增加悬念感。

在提示词中加入具体的环境描述，例如，给出以下提示词："描写一个阴森的古堡"或"描述一个狂风骤雨的夜晚"，引导 AI 生成符合悬念氛围的内容。

✍ 实 操 示 例

初始提示词：

描述一个紧张的场景。

AI 生成：

（描述了一个漆黑的夜晚，主角在紧张逃跑的场景。此处省略具体生成内容。）

优化提示词：

描述一个阴森的古堡，狂风骤雨的夜晚，营造出紧张和不安的氛围。

优化后的 AI 生成：

夜幕降临，狂风呼啸，乌云密布。主角走进了一座阴森的古堡，门前的古树在风中摇曳，发出令人毛骨悚然的声音。闪电划破天际，照亮了古堡阴暗的走廊，四周回荡着未知的低语声，每一步都让他的心跳加速，紧张感油然而生。

9. 巧用对比与反转

对比和反转是增强悬念的有效手段。通过对比，你可以突出某些关键点；通过反转，你可以出其不意地改变故事的发展方向，让读者措手不及。

在提示词中要求 AI 设计出人意料的情节转折或对比强烈的场景。例如，给出以下提示词："设计一个看似平静的场景，突然发生意外事件"或"让一个懦弱的角色突然展现出勇气"。

✎ 实 操 示 例

初始提示词：
写一个角色展现勇气的情节。

AI 生成：
（描写了某角色在危险时勇敢面对敌人的场景。此处省略具体生成内容。）

优化提示词：
写一个看似懦弱的角色在关键时刻突然展现出惊人的勇气，制造情节反转。

优化后的 AI 生成：
平日里总是躲在角落、不敢说话的小李，突然在危急时刻挺身而出，挡在朋友面前与敌人对峙。他的眼神坚定，动作果断，完全颠覆了大家对他的印象。

10. 保持节奏的平衡

悬念的设置需要与故事的整体节奏相匹配。过多的悬念可能会让读者感到疲惫，而过少的悬念又可能让故事显得平淡无味。因此，合理安排悬念的出现频率和强度，保持节奏的平衡，是至关重要的。

在提示词中要求 AI 根据故事进展合理安排悬念。例如，给出以下提示词："在高潮部分集中设置多个悬念点，在缓和阶段减少悬念，给予读者喘息的机会"。

✎ 实操示例

初始提示词：
写一个有多个悬念的故事。

AI 生成：
（故事描写较为平淡，此处省略。）

优化提示词：
写一个有多个悬念的故事，在高潮部分集中设置多个悬念点，在缓和阶段减少悬念，保持节奏平衡。

优化后的 AI 生成（非原文，简单概述）：
故事初期，主角发现了神秘信件，开启了寻找宝藏的旅程，悬念不断。进入中期，情节稍稍缓和，主角与朋友们的日常生活中偶尔出现一些小悬念，保持读者的兴趣。到了高潮部分，多个悬念点同时涌现：宝藏的位置逐渐明朗，但敌人也紧追不舍，主角面临生死抉择。最后，在结局阶段，所有悬念逐一解开，故事在紧张与缓和之间找到完美的节奏平衡，让读者既感到满足又意犹未尽。

（二）常见误区

1. 过度依赖悬念

虽然悬念很重要，但如果过度使用，可能会让读者感到疲惫，甚至失去对故事的兴趣。要注意节制，合理安排悬念。

解决方法：在提示词中提醒 AI 控制悬念的密度，例如，给出以下提示词："适量设置悬念，不要过多干扰故事节奏"。

2. 悬念无关紧要

悬念的设置应该与故事的整体发展紧密相关。如果悬念与主线无关，反而会分散读者的注意力，削弱故事的连贯性。

解决方法：指示 AI 确保每个悬念点都与主线故事相关，例如，给出以下提示词："每个悬念都要推动主线发展，避免无关紧要的悬念"。

3. 解答过于仓促

当悬念被解答时，应该给出一个合理且令人满意的结论。如果解答过于仓促或牵强，反而会让读者感到失望。

解决方法：在提示词中要求 AI 提供详尽合理的解答，例如，给出以下提示词："解答悬念时要合理且详细，不要过于仓促"。

（三）案例分析

让我们来看一个经典的悬念设置案例，并结合 AI 写作的实际操作来分析。在《哈利·波特与密室》中，作者 J.K.罗琳巧妙地设置了多个悬念点。

1. 密室的存在

整个故事的一开始就埋下了密室存在的伏笔，激发读者的好奇心。

提示词应用：写一个魔法学校中关于密室存在的初期伏笔，激发读者的好奇心，但不要详细解释。

2. 汤姆·里德尔的日记

这个神秘的日记引导读者一步步揭开真相，每翻一页都有新的悬念。

提示词应用：描述主角发现汤姆·里德尔的日记，每次阅读都有新的谜团和悬念。

3. 哈利的命运

故事中不断出现的危险和挑战让读者一直紧张地跟随哈利的脚步，期待看到他如何克服困难。

提示词应用：写一个情节，让哈利面临多次危险和挑战，每次都增加悬念，让读者紧张不已。

这些悬念的设置，不仅增强了故事的紧张感，也让整个系列充满了吸引力，成为经典之作。

通过精心设计准确的提示词，AI 能够帮助作者在不同阶段设置和管理悬念。例如，可按以下步骤进行设置。

1. 初期伏笔设置

在魔法学校的走廊里，主角无意中听到关于"密室"的传闻，但没有人愿意详细谈论。

2. 中期悬念发展

主角发现了一本古老的日记，里面记录着关于密室的线索，每次阅读都揭示出新的谜团。

3. 高潮悬念点

主角终于找到密室的入口，但在进入之前遭遇了强大的敌人，悬念达到顶点。

4. 解答悬念

在最终对决中，主角揭开了密室的秘密，所有伏笔和线索在此时得到合理的解释，故事圆满结束。

通过以上步骤，AI 不仅能协助作者有效地设置和管理悬念，还能确保每个悬念点都与主线紧密相关，避免过度依赖悬念或生成无关紧要的悬念，使整个故事更加紧凑和引人入胜。

"悬念如同故事的心跳，只有掌握好节奏，才能让读者的心随着你的文字跳动不已。"

转折点设计

想想你追剧的时候，是不是最讨厌那种一眼望到头的剧情？平铺直叙，味同嚼蜡。而那些让人大呼过瘾、欲罢不能的神剧，往往都少不了精彩的转折。它就像川菜里的辣椒，一下子刺激你的味蕾，让你精神一振！

在 AI 写作中，转折点的设计同样关键。它能打破读者的预期，制造惊喜，让你的文章瞬间"活"起来。那么，如何设计一个让人拍案叫绝的转折点呢？

1. 反转乾坤：意料之外，情理之中

转折不是为了转而转，它必须符合逻辑，不能为了制造惊喜而胡编乱造。就像变魔术，虽然手法神奇，但背后都有其逻辑和原理。一个好的转折，应该是"意料之外，情理之中"的。

如何用 AI 实现呢？

首先，给 AI 一个明确的提示词，告诉它你需要一个出乎意料但合乎逻辑的转折。例如，"在故事中加入一个意想不到但合理的反转。"接着，AI 可能会给出一些初步的建议，这时你需要仔细检查这些建议是否符合逻辑，并且是否能够引导读者产生"恍然大悟"的感觉。

✍ **实操示例**

> 假设你在写一篇侦探小说，AI 可能会建议让所有证据都指向 A 是凶手，但最终揭示 A 是被陷害的，真正的凶手是看似无辜的 B。你可以通过调整提示词，如"增加更多关于 B 的细节暗示"，来让 AI 更好地埋下伏笔。

2. 制造冲突：矛盾激化，峰回路转

冲突是故事的灵魂，而转折点往往是冲突的爆发点。就像平静的湖面突然被扔进一颗石子，激起层层涟漪。

如何用 AI 实现呢？

告诉 AI 你需要在故事中加入冲突，例如，给出以下提示词："在故事的中段加入主要角色之间的冲突。"AI 可能会生成一些情节，例如角色之间的误会或秘密被揭露。你需要检查这些情节是否足够激烈，并且是否能够推动故事的发展。

✍ **实操示例**

> 在一个爱情故事中，AI 可能会建议让男主角的初恋突然出现，打破男女主角之间的平静关系。你可以通过提示 AI"增加初恋角色的背景故事"，让冲突更加真实可信。

3. 层层递进：小转折铺垫，大转折爆发

好的转折点不是一蹴而就的，它需要铺垫。就像攀登高峰，需要一步一个脚印，才能最终到达顶峰。

如何用 AI 实现呢？

告诉 AI 你需要一系列的小转折来铺垫一个大的转折，例如，给出以下提示词："设计一些小的情节变化，逐步引导到一个大的情节反转。"AI 会生成一系列的小事件，你需要确保这些事件之间的逻辑关系，并且能够自然地引导到最终的大转折上。

> **实操示例**
>
> 在一个成长故事中，AI 可能会建议主角经历一系列的小挫折和小成功。你可以通过提示 AI "增加主角的内心变化描写"，让这些小转折更加生动。

4. 情感共鸣：触动人心，引发思考

转折点不仅仅是情节的转折，更是情感的转折。它应该触动读者的心弦，引发大家的思考。

如何用 AI 实现呢？

告诉 AI 你需要一个能够引发情感共鸣的转折点，例如，给出以下提示词："在故事中加入一个情感深刻的转折点。"AI 可能会生成一些情感冲突或和解的情节，你需要确保这些情节能够真正触动读者的内心。

> **实操示例**
>
> 在一个关于亲情的故事中，AI 可能会建议主角在经历意外后理解父母的良苦用心。你可以通过提示 AI "增加主角与父母的互动细节"，让情感转折更加感人。

记住，转折点设计是 AI 写作中的一门艺术，它需要你不断地学习和实践。大胆尝试，勇于创新，你一定能创造出令人惊艳的转折，让你的作品更加精彩！

"转折是故事的心跳，在情理中跳跃，于意外处绽放。"

情节推进技巧

情节推进，说白了就是让故事"动"起来。就像盖房子，悬念和转折是钢筋框架，而情节推进就是一块块砖，得砌得结实、漂亮，才能造出一座引人入胜的"故事大厦"。

那么，如何才能有效地推进情节呢？这里有几个实用技巧，我们一起来看一看。

1. 因果链条，环环相扣

每个事件的发生都应该有其原因，并导致下一个事件的发生，形成一条清晰的因果链条。就像多米诺骨牌，推倒第一张，后面的牌就会依次倒下，形成连锁反应。

AI 提示词技巧：在与 AI 互动时，明确地描述事件的因果关系。例如，提示词可以是"主角发现了一张神秘地图，决定去寻宝，接下来会发生什么？"这样可以帮助 AI 理解事件的顺序和逻辑。

2. 制造冲突，激发矛盾

冲突是情节推进的引擎。可以是人物之间的冲突，也可以是人物与环境、人物与自身的冲突。冲突越大，故事张力越强。

AI 提示词技巧：在提示词中加入冲突元素，例如"男女主角因为误会而分开，接下来他们会如何解决这个问题？"这样可以引导 AI 生成更具张力的情节。

3. 设置目标，驱动行动

每个人物都应该有自己的目标，目标会驱动人物行动，而行动则会推动情节发展。

AI 提示词技巧：明确角色的目标，例如"主角的目标是成为一名伟大的魔法师，他需要克服哪些困难？"这可以帮助 AI 生成与目标相关的情节。

4. 细节描写，增强画面感

好的情节推进不仅仅是事件的堆砌，更需要细节的刻画。

AI 提示词技巧：在提示词中要求 AI 增加细节，例如"描述一个紧张的场景，主角的手心冒汗，心跳加速。"这样可以让 AI 生成更生动的描写。

5. 节奏控制，张弛有度

情节推进的节奏要控制好，不能一味地追求快节奏，也不能过于拖沓。

AI 提示词技巧：在提示词中明确节奏需求，例如"在这一段中，情节需要快速推进，主角需要迅速做出决定。"

6. 伏笔铺垫，引人入胜

在故事的前期埋下一些伏笔，可以在后期起到意想不到的效果。

AI 提示词技巧：提示 AI 在故事中埋下伏笔，例如"在故事开篇描写主角总是随身携带的旧怀表，表盖内侧刻着一段模糊不清的字母缩写。在第三章加入主角在古董店发现同款怀表的场景，店主暗示这是某个秘密组织的信物。最终在结局中揭示怀表夹层里藏着关键线索，而字母缩写正是反派的名字首字母。"

7. 巧用留白，激发想象

有时候，不必把所有的事情都交代清楚，留下一些空白，可以让读者自己去想象。

AI 提示词技巧：在提示词中要求 AI 留白，例如"在结尾留下一些未解之谜，让读者自己去想象。"

✎ 实操示例

> **场景：**
>
> 让 AI 写一个关于 AI 失控的故事。
>
> **错误提示词：**
>
> AI 失控了，世界末日。

修正的提示词：

> 一个名为"智脑"的 AI 系统，由于某种原因（例如数据泄露），开始变得不受控制，它试图掌控人类，并试图改变世界。请描述智脑的行动，以及人类的反抗。

掌握了上面这些技巧，你就能像一位经验丰富的导演一样，掌控故事的节奏，引导 AI 生成充满活力的故事，让读者跟着你的节奏一起心跳！

"精彩的故事不在于事件的数量，而在于情感的深度。"

互动性增强

问题设置

试想一下,你正津津有味地读着一篇由 AI 写的文章。突然间,文字中蹦出一句:"你觉得,如果没有 AI,人类还能完成这项复杂任务吗?"是不是一下子有点跃跃欲试,想发表你的看法?互动性设计就是要让读者参与其中,而 AI 正是实现这一目标的强大工具。

AI 不仅可以帮你快速生成文章,还能通过巧妙地设置问题,增强文章的互动性。那么,如何用 AI 来提升互动性呢?

(一)问题设置+AI 提示词优化=双重互动

如果说问题是吸引读者的"磁铁",那么优化 AI 的提示词就是让这块"磁铁"更有吸引力的关键。以下是几个具体方法。

1. 抛砖引玉,引发思考

在让 AI 生成问题时,提示词可以这样设计:

为本文生成一个引人入胜的问题，围绕主题展开思考。例如，"你真的知道 AI 是如何生成这些内容的吗？"

实操例子：

假设你的文章主题是健康饮食，提示词可以这样写：

为健康饮食的文章开头生成一个问题，用来吸引读者的注意力，并让他们思考自己的饮食习惯。

AI 生成的结果可能是：

-你有多久没有认真检查过你的饮食清单了？

-你吃的每一口食物，真的对得起你的健康吗？

2. 层层递进，逐步深入

优化提示词，让 AI 生成一系列递进式问题，提示词可以这样写：

围绕人工智能的未来影响，设计 3 个递进的问题，从表面到深入，引导读者逐层思考。

AI 生成的结果可能是：

-人工智能是否会完全取代人类工作？

-哪些行业受到的冲击最大？

-面对这些变化，我们又该如何提升自己的竞争力？

通过这种层层递进的问题设置，文章不仅互动感强，还能让内容逻辑更紧密。

3. 设问自答，强化记忆

要让 AI 生成设问自答型的内容，可以这样提示：

生成一个设问自答的问题，用于突出文章的核心观点。问题简洁明了，答案直截了当。

假设主题是阅读的重要性，AI 可能生成：

-问："为什么阅读如此重要？"

-答："因为阅读能开拓视野，提升思维，让你在人生路上更从容。"

4. 反问质疑，激发情感

AI 擅长生成反问句，只需要给出情感导向的提示词，例如：

为一篇关于环境保护的文章生成两句带有情感共鸣的反问句。

AI 生成的结果可能是：

-难道我们要等到最后一滴水耗尽，才意识到保护环境的重要性吗？

-难道我们愿意让未来的孩子只能在博物馆里看见蓝天吗？

（二）实战案例

假设我们正在写一篇关于"AI 如何帮助提升内容创作效率"的文章。

> **初始提示词：**
> 为一篇关于"AI 与创作效率"的文章，生成一个引人思考的开头问题。
>
> **AI 生成：**
> AI 真的能完全替代人类的创作能力吗？
>
> **优化提示词：**
> 调整问题，使其更具体，加入数据或情感引导。
>
> **优化后的 AI 生成：**
> 你知道吗？AI 写一篇 5000 字的文章只需不到 10 分钟，而我们可能要花几个小时甚至几天。面对这样的效率差距，你怎么看？
>
> **人工润色（添加场景细节，增强代入感）：**
> 想象一下，你刚开始绞尽脑汁构思一篇文章，而 AI 却已经在短短几分钟内帮你完成了初稿。这种效率的背后，究竟是技术的魔力，还是创作方式的变革？

"一个好的问题，胜过一千个平庸的答案。"

读者参与设计

在 AI 写作时代，让读者参与内容创作不仅能提升互动性，而且能让 AI 生成的内容更有温度。让我们一起探索如何借助 AI 设计读者参与机制。

（一）设计互动提示词

当我们想让 AI 生成包含读者参与环节的内容时，可以这样设计提示词：

-请在文章中设置 3~4 个开放式问题，引导读者思考和参与。问题要具体且有启发性。

-在文章的关键节点设置选择题，让读者决定故事走向。每个选项都要合理且有吸引力。

> **✍ 实操示例**
>
> 初始提示词：
> 写一篇关于职场压力的文章。
>
> 优化提示词：
> 写一篇关于职场压力的文章，在文中设置 3 个情境选择题，让读者代入主角角色做决策。每个选择都要分析利弊。

（二）调教 AI 生成互动内容

AI 初次生成的互动设计可能存在以下问题：

-问题过于笼统（例如，"你觉得呢？"）。

-选项缺乏吸引力。

-互动环节生硬，与内容割裂。

解决方法：给 AI 补充指令，例如，

-请确保互动问题具体且有深度，与文章主题紧密相关。每个问题都要有引导性的副问题。

-请检查所有互动环节是否自然融入文章，避免生硬的过渡。

（三）人工优化互动设计

即使经过调教，AI 生成的互动设计仍需要人工优化：

-增加情感共鸣："想象一下，当你也面临这样的困境……"

-设计实践任务："试着用这个方法解决你当前面临的一个小问题。"

-加入社交元素："在评论区分享你的经历，与其他读者交流。"

（四）实战案例

让我们来看一个完整的例子，展示如何通过调整提示词、利用 AI、解决问题，最终实现理想的读者参与设计。

> **场景：**
> 写一篇关于个人成长的文章，加入一个投票决定故事走向的环节。
>
> **初始提示词：**
> 请为我的文章设计一个投票环节，让读者决定故事的走向。
>
> **AI 生成：**
> 主角应该选择 A 还是 B？请投票决定。
>
> **问题：**
> 过于简洁，缺乏情感和细节。
>
> **优化提示词：**
> 请详细描述两个选项的情境，加入情感元素，吸引读者参与投票。

> **优化后的 AI 生成：**
> 选择梦想的工作机会，却要离开深爱的家人；而留在故乡，陪伴家人，却可能错过一生仅有一次的机会。你会怎么选？快来投票，决定主角的命运！
>
> **人工润色：**
> 站在命运的十字路口，他望着远方的城市灯火，又回头看了看身后的家乡小路。是追逐梦想，还是守护所爱？你的选择，将改变他的故事。快来投票，告诉我们你的决定！

（五）注意事项

-确保 AI 生成的互动环节符合文章主题；
-定期收集读者反馈，持续优化提示词；
-进行人工审核，确保互动质量；
-注意隐私保护，不收集敏感信息。

"让读者成为你故事的合著者，共同谱写精彩的篇章。"

反馈机制建立

想象一下，你让 AI 写了一篇文章，却不知道效果如何，是不是有点像盲人摸象？所以，建立有效的反馈机制不仅能帮你了解读者反应，更重要的是能帮你更好地"调教"AI，让它写出更有"人味"的内容。

（一）评论区反馈与 AI 优化

除了关注读者评论，更要学会从评论中提炼关键信息来优化 AI 提示词。例如，如果读者反馈"文章逻辑跳跃太大"，你可以在提示词中加入"请注意段落之间的过渡,使用连接词增强文章连贯性"。

✐ **实 操 示 例**

> 初始提示词:
>
> 写一篇关于人工智能发展的文章。
>
> 优化提示词:
>
> 写一篇关于人工智能发展的文章,要求:
>
> -每个段落间要有清晰的过渡;
>
> -多使用"因此""不仅如此"等连接词;
>
> -每个观点都要有具体例子支撑。

(二)数据分析指导 AI 创作

通过分析文章的阅读量、停留时间等数据,我们可以发现 AI 创作的问题。例如,如果某类文章的跳出率特别高,可能说明文章开头不够吸引人,这时我们就需要调整 AI 的开场策略。

常见问题与解决方法:

-问题:AI 生成的开头过于平淡。

-解决方法:在提示词中加入"开头要用悬念/故事/数据震撼开场"。

(三)建立 AI 写作修改闭环

光有反馈还不够,我们还需要建立一个完整的修改流程:

-第一步:收集读者反馈。

-第二步:分析内容问题。

-第三步:优化提示词。

-第四步:让 AI 重新生成。

-第五步:人工微调。

✍ 实操示例

> **读者反馈：**
> 文章太过正式，缺少互动感。
>
> **优化提示词：**
> 请用对话式语气写作，适当加入反问句和互动性问题，每段结尾要设置一个引导读者思考的问题。

（四）人工干预要点

AI再强大，有些地方还是需要人工把关：
- 事实核查：AI可能会产生虚假信息。
- 情感调节：适当加入个人经历和感受。
- 本地化调整：根据目标读者群体调整表达方式。

（五）建立多轮反馈机制

单次优化可能不够，我们可以建立多轮反馈机制：
- 第一轮：AI初稿。
- 第二轮：根据反馈进行优化。
- 第三轮：针对细节进行打磨。
- 最后：人工审核定稿。

实操技巧：
- 每轮优化重点要明确。
- 保留每轮修改记录，便于总结经验。
- 建立提示词模板库，积累优质提示词。

记住，训练AI就像教育孩子，需要耐心和方法。通过不断优化提示词，建立有效的反馈机制，我们终能让AI创作出既专业又有温度的内容。

"有效的反馈机制就像是AI写作的双眼，在不断的自我审视中愈加明亮。"

风格养成方案：打造写作人格体

05

写作风格塑造

风格定位方法

想象一下,你走进了一家服装店,琳琅满目的衣服让你挑花了眼。你在考虑:买件酷炫的皮夹克还是甜美的碎花小外套?写作风格的选择和搭配也像穿衣一样,是一种关于"人设"的自我表达。尤其在 AI 写作时代,为文章找到独特风格更像是一门"潮流设计艺术"——不仅要让你的内容吸引人,还要让 AI 的参与显得"人味十足"。

但这里要强调一点:我们不仅是在谈论"如何让文章有人味",而是要教会你如何与 AI 协作,赋予你的文章"独特灵魂"。接下来,我会帮你拆解这一过程,同时加入 AI 的相关技巧和实操建议。

(一)风格定位的小技巧

1. 认识自我——给文章定"人设"

在写作时,你的文章就像舞台上的演员,而风格就是演员的"角色设定"。是一本正经的知识型?还是风趣幽默的段子型?

但有了AI，我们还要思考：AI能帮我们塑造什么样的角色？如何修改提示词来明确风格？

例如，你想写一篇幽默风格的文章，可以尝试输入类似以下提示："用轻松幽默的口吻写一篇关于如何养猫的文章，尽量多用生活化的比喻，让人读完会心一笑。"

问题及解决方法：

-问题：AI可能过于夸张，幽默变成尬笑。

-解决方法：调整提示词，加入限制条件。例如，给出以下提示词："幽默但不过分夸张，文字自然流畅，避免冷笑话。"

2. 目标读者画像——让AI瞄准对的人

与其说写文章，不如说你是在"聊天"，对方是谁，决定了你要用什么样的语气和表达方式。如果你写的是给年轻人看的科普文章，那不妨让AI在输出时更加轻松有趣。

例如，目标读者是95后，你可以试着让AI模仿流行语或者网络用语："用95后熟悉的语言风格写一篇关于如何节省时间的文章，可以适当加入年轻人常用的网络词汇，保持轻松俏皮。"

问题及解决方法：

-问题：AI生成的内容可能堆砌流行梗，看起来很"土"。

-解决方法：在提示词中加入限制条件。例如，给出以下提示词："使用适量的流行词汇，语言自然有趣，但不要堆砌网络梗。"

3. 风格要素解构——让AI知道细节很重要

风格要素可以拆解成语气、节奏、修辞、结构等维度，明确这些要素后，再输入到AI的提示词里，你的文章会更有层次感。

假设你需要写一篇温暖治愈的文章，可以输入以下提示词："写一篇关于'坚持'的短文，文字温暖，能触动人心，善用比喻和排比句式，语言节奏舒缓，适合朗读。"

问题及解决方法：

-问题：AI生成的内容可能过于"鸡汤"。

-解决方法：通过人类干预调整措辞，避免过于空洞的句式。

4. 差异化定位——在海量 AI 文中脱颖而出

AI 生成的内容往往有"模板化"的痕迹，如果不加调整，容易淹没在信息海洋中。所以，我们要找到能够"出圈"的点。我们可以通过设定独特视角或者特殊表达方式，让 AI 生成的内容有记忆点。例如，

优化提示词：从一只猫的视角写一篇关于人类日常生活的观察笔记，语言生动，充满趣味。

问题及解决方法：

-问题：AI 的写作角度可能过于"猎奇"或偏离主题。

-解决方法：补充指令，强调内容要和主题紧密相关。

（二）风格塑造中的 AI 协作

1. AI 改完容易出现的问题

在使用 AI 生成或改写文章时，可能会遇到以下问题：

-内容过于模板化：千篇一律，没有"人味"。

-表达不够自然：句式生硬，不符合人类的语言习惯。

-缺乏深度：过于表面化，未能深入探讨问题。

2. 针对问题的解决方法

（1）内容过于模板化怎么办？

解决方法：在提示词中加入个性化要求。

提示词示例：在文中加入 2~3 个具体的小故事或例子，内容贴近日常生活。

人工干预：挑选 AI 输出中较有潜力的部分，用自己的语言进行润色。

（2）表达不够自然怎么办？

解决方法：在提示词中明确语气要求。

提示词示例：输出的内容需符合人类日常表达习惯，避免生硬或冗长的句式。

人工干预：用自己的语言修改不符合语感的部分，特别是长句。

（3）缺乏深度怎么办？

解决方法：通过追加提示词，要求 AI 进行补充说明。

提示词示例：对于"坚持"这一主题，结合心理学的观点，写一段更有深度的分析。

（三）实战案例

> **场景：**
>
> 写一篇关于"时间管理"的文章，目标读者是职场新人，风格轻松有趣。
>
> **初始提示词：**
>
> 用轻松幽默的语气写一篇教职场新人如何管理时间的文章，文字精练有趣。
>
> **AI 生成内容存在的问题：**
>
> - 内容过于表面，没有新意。
> - 幽默感较生硬，不够自然。
>
> **优化提示词：**
>
> 重新改写，内容更有深度，加入 1~2 个真实职场场景，语气轻松幽默但自然流畅，避免过度夸张。
>
> **优化后 AI 生成内容存在的问题：**
>
> 场景虽真实，但故事不够生动。
>
> **人工干预：**
>
> 在生成的内容基础上，加入自己真实的职场经历，将情节补充完整，并调整幽默表达的语感。

最终输出的文章既保留了 AI 的效率，又通过人类的润色达到了"有趣+实用"的效果。

"风格不是刻意追求的外衣,而是内心自然流露的印记;好比春天的花朵,不是被雕刻出来的,而是在阳光雨露中自然绽放的。"

语言特色打造

在浩瀚的文字世界中,每一位作家都希望自己的作品拥有独特的语言魅力,就像每个人都希望自己的声音在众人中脱颖而出。而在 AI 写作的时代,如何通过语言特色打造,让内容不仅能精准传达信息,还能打动人心,已成为一门重要的艺术。接下来,我们就来探讨如何为 AI 生成的内容注入独特的语言特色,使其兼具 AI 的高效与人类的温度。

1. 明确语言风格的定位

首先,想要让 AI 写出有特色的内容,得先明确你想要的风格。是轻松幽默,还是严谨正式?例如,面向年轻人的科技博客,可能更适合活泼、富有创意的表达方式;而面向专业人士的研究报告,则需要严谨、精准的措辞。

> **如何调教 AI:**
> 在提示词中明确指出你想要的风格,例如"用幽默的方式描述"或"以专业的语气撰写"。这样,AI 就能更好地理解你的需求。
>
> **实操例子:**
> 如果你在为一家环保组织撰写宣传文案,可以输入以下提示词:"用生动的比喻和强烈的动词,写一段关于地球危机的文案。"这样,AI 可能会生成类似这样的内容:"地球就像我们共同的家园,但它正面临前所未有的危机。让我们携手,共同守护这片蓝色星球。"

2. 丰富词汇,避免单调

语言特色的打造离不开丰富的词汇选择。不同的词汇不仅能够传达不同的情感和氛围，还能让文字更加生动有趣。

> **如何调教 AI：**
>
> 在提示词中加入"使用多样化的词汇"或"避免重复使用相同的词语"，AI 会尝试使用更丰富的语言。
>
> **实操例子：**
>
> 在描述一个风景优美的湖泊时，可以输入以下提示词："用丰富的词汇描述湖泊的美丽。"AI 可能会生成："湖水清澈见底，微风拂过，带来阵阵花香。阳光洒在波光粼粼的湖面上，仿佛洒下了一层金粉。"

3. 运用比喻和拟人等修辞手法

运用修辞手法是提升语言表达力的重要手段。比喻、拟人、夸张等手法不仅能让文字更加生动，还能增强读者的情感共鸣。

> **如何调教 AI：**
>
> 在提示词中加入"使用比喻和拟人手法"，AI 会尝试在生成的内容中加入这些元素。
>
> **实操例子：**
>
> 输入提示词"用比喻描述时间的流逝。"AI 可能会生成："时间如白驹过隙，转瞬即逝。"

4. 调整句式结构，增强节奏感

不同的句式结构能够赋予文字不同的节奏和韵律感。长短句的交替使用，可以使文字更加有层次感和节奏感。

> **如何调教 AI：**
>
> 在提示词中加入"使用多样化的句式结构"，AI 会尝试调整句子的长短和结构。

> **实操例子：**
> 输入提示词"用短句描述比赛的紧张感。"AI 可能会生成:"观众屏住呼吸。选手们全力以赴。胜负就在一线之间。"

5. 注重细节描写，增强真实感

细节是体现语言特色的重要元素。通过对细节的精准描绘，可以让文字更加真实具体。

> **如何调教 AI：**
> 在提示词中加入"注重细节描写"，AI 会尝试在生成的内容中加入更多细节。

> **实操例子：**
> 输入提示词"详细描述一个忙碌的城市街道。"AI 可能会生成:"晨曦初露，街道两旁的咖啡馆已经摆出了桌椅，香浓的咖啡香气弥漫在空气中。"

6. 保持一致性，构建整体风格

在打造语言特色时，一致性是关键。无论是在一个章节内，还是整本书中，语言风格的统一都能够帮助读者更好地理解和接受内容。

> **如何调教 AI：**
> 在提示词中加入"保持一致的语言风格"，AI 会尝试在生成的内容中保持风格的一致性。

> **实操例子：**
> 输入提示词"用幽默风趣的风格撰写整篇文章。"AI 会努力在每一段中保持幽默感。

7. 利用语境和文化背景，增强语言的独特性

每种语言和文化都有其独特的表达方式和习惯用语。善用这些元素，可以

为你的文字增添独特的韵味和魅力。

> **如何调教 AI：**
>
> 在提示词中加入"融入特定文化背景或流行语"，AI 会尝试在生成的内容中加入这些元素。
>
> **实操例子：**
>
> 输入提示词"用贴近中国年轻人的语言描述这款智能手表。"AI 可能会生成："这款新出的智能手表真是太燃了，功能强大，颜值在线，绝对是科技控的心头爱！"

8. 适当运用方言或地方特色语言

在适当的场合，运用方言或地方特色语言，可以让文字更加生动有趣。

> **如何调教 AI：**
>
> 在提示词中加入"使用地方特色语言"，AI 会尝试在生成的内容中加入这些元素。
>
> **实操例子：**
>
> 输入提示词"用江南小镇的特色语言描述当地的风土人情。"AI 可能会生成："侬晓得伐，伲江南小镇，辰光好像走得特别慢。早晨起来，薄雾像轻纱一样罩在河面上，欸乃一声，小船就摇进了水巷。河埠头，阿婆们已经开始汰衣裳，棒槌声此起彼伏，像是在敲打着岁月的节奏……"

9. 持续学习和模仿，提高语言驾驭能力

打造语言特色需要持续的学习和实践。通过阅读优秀的作品，模仿其中的语言风格，并在实践中不断调整和优化。

> **如何调教 AI：**
>
> 在提示词中加入"模仿某位作家的风格"，AI 会尝试在生成的内容中模仿该作家的语言风格。

> **实操例子：**
> 输入提示词"模仿村上春树的风格，写一段关于孤独的文字。"AI 可能会生成一段具有村上春树风格的文字。

10. 借助 AI 工具，提升语言表达力

在 AI 写作的时代，借助 AI 工具可以极大地提升语言表达能力。许多 AI 写作工具不仅能够生成文本，还能够根据设定的风格和要求，调整语言特色。

> **如何调教 AI：**
> 使用 AI 写作助手时，可以设定"幽默风趣"或"严谨专业"的语言风格，AI 会根据这些设定，自动调整词汇选择和句式结构。

> **实操例子：**
> 使用某些 AI 写作助手，输入提示词"生成一篇关于环保的文章，用幽默风趣的风格。"AI 会生成符合预期的内容。

"语言是思想的外衣，独特的表达方式就是你在写作世界里的个人名片。"

一致性维护

当我们谈到写作风格时，一致性就像是美味佳肴中的盐巴，虽然看不见，却至关重要。想象一下，你正津津有味地品尝一道精心烹制的菜肴，突然发现其中一口咸得要命，下一口又淡得像清水，这滋味可够怪的。同样的道理，文章也是如此，如果风格前后不一，读者的阅读体验就会大打折扣。

在 AI 写作中，一致性维护更是个"技术活"。AI 就像一位才华横溢的新手大厨，掌握了各种高级的烹饪技巧，但如果没人指导，它可能会在一锅菜里放进奇怪的调料，搞得味道古怪。我们的任务，就是教会这位大厨如何稳定发挥，让每道菜都美味可口。

那么，如何调教 AI，让它写出的文章风格始终如一呢？咱们接着往下看。

（一）为什么一致性如此重要？

一致性，不仅仅是让文章读起来舒畅，更是建立读者信任的关键。想象一下，你在读一篇关于健康饮食的文章，前半部分用科学的数据告诉你要多吃蔬菜，后半部分却突然变成了美食节目，诱惑你去大吃特吃油炸食品。这种前后矛盾的风格，不仅让人摸不着头脑，还会让读者对内容的真实性产生怀疑。

对于 AI 写作，不具备一致性的文章，就像是一座没有地基的房子，随时可能倒塌。所以，我们需要确保 AI 在写作过程中能够始终如一地保持风格、语气和逻辑。

（二）一致性维护的关键要素

1. 语气基调的把控

先确定文章的整体语气，是轻松幽默，还是严肃认真。例如，你是想要一个朋友般的语气，还是专家教授的口吻？一旦确定，就要在整个文章中保持下去。

2. 人称视角的统一

选择用第一人称、第二人称还是第三人称来写作。选定后，就要始终如一，避免在文章中频繁切换，让读者感觉像是在和不同的人对话。

3. 行文节奏的把控

注意段落和句子的长度，保持节奏感。例如，短句可以让内容读起来更有冲击力，长句则适合描述和解释。均衡使用，能让文章更具可读性。

（三）如何实现一致性维护

可能有朋友会说："说起来容易，具体怎么操作呢？"别急，下面我们就结合实际，聊聊如何一步步调教我们的"AI 大厨"。

1. 明确你的提示词

在与 AI 交流时，提示词就像是给它下的指令。为了让 AI 明白你的要求，你需要明确地告诉它需要什么样的风格和语气。

例如，你想写一篇关于环保的文章，且希望语气亲切、易懂，你可以这样提示：请用轻松幽默的语气，写一篇关于如何在日常生活中实践环保理念的小贴士。

这样，AI 就知道你希望文章既有趣，又能传递环保信息。

2. 调整和优化提示词

有时候，AI 可能并没有完全按照你的想法来。这时，不要气馁，调整你的提示词，加入更多细节和要求。

例如，第一次生成的内容太过严肃，你可以在提示词中加入：请以与朋友聊天的口吻，避免使用专业术语。

通过不断优化提示词，告诉 AI 你想要的具体效果，就像是给大厨提供更详细的菜谱。

3. 注意 AI 可能出现的问题

在使用 AI 写作时，可能会遇到以下常见问题：

-风格漂移：文章开头和结尾的风格不一致。

-内容重复：AI 可能会重复某些句子或观点。

-逻辑不连贯：有时 AI 会跳跃思维，导致内容衔接不上。

解决方法：针对这些问题，你可以在提示词中进一步强调"请确保文章风格一致，避免重复，并保持逻辑连贯。"

4. 给出新的命令，微调内容

当 AI 生成的内容有偏差时，你可以给出新的命令，让它进行调整。例如，

-问题一：AI 使用了过于复杂的专业术语。

解决方法：添加提示词："请用简单易懂的语言，避免专业术语。"

-问题二：文章缺乏具体的例子。

解决方法：添加提示词："请在文章中加入实际生活中的案例。"

5. 利用模板和示例

给 AI 提供一个文章模板或示例，可以更好地指导它的写作方向。

例如，你可以先写一个开头段落：

"大家好，今天我们来聊聊如何在家里轻松实践环保理念。其实，环保并不难，只需要从小事做起。"

然后让 AI 接着写，AI 会按照你提供的风格和语气继续下去。

6. 人工干预与润色

最后，不要忘记人工的审阅和修改。AI 再智能，也无法完全替代人类的思维和情感。你可以在 AI 生成的基础上，进行润色和调整，包括：

- 检查是否有语法错误或不通顺的句子。
- 添加你自己的观点和感受。
- 确保文章的整体逻辑和风格符合你的期望。

（四）实战案例

场景：

小明想要写一篇关于"在城市中如何绿色出行"的文章，希望语气轻松、有趣，读者群体是年轻的上班族。

初始提示词：

请写一篇关于在城市中如何绿色出行的文章，语气轻松幽默，面向年轻上班族。

AI 生成：

绿色出行？难道是让我每天跑步去公司吗？别开玩笑了！其实，在城市中，我们有很多环保的出行方式，比如骑自行车、搭乘公共交通工具，或者拼车。一方面省钱，另一方面还能为地球出一份力。

发现问题：

文章语气过于调侃，有些地方可能引起读者的不适。

优化提示词：

请用积极正面的语气，避免讽刺，重新写一遍。

> **优化后的 AI 生成：**
> 在城市中，绿色出行其实很简单！骑上自行车，不仅能锻炼身体，还能避开交通堵塞。搭乘公共交通工具，可以一边听音乐一边欣赏城市风景。拼车也是个好选择，既省钱又能结交新朋友。让我们一起为环保出一份力吧！
>
> **人工润色：**
> 在城市中，绿色出行其实比想象的要简单得多！早上骑着自行车穿梭在街道间，呼吸清新的空气，开启美好的一天。或者选择公共交通，一边听喜欢的歌曲，一边欣赏窗外的风景。周末出行，可以和同事拼车，既省下了油钱，还能增进彼此的感情。小小的改变，就能为城市的环保贡献一份力量。行动起来吧！

通过这些方法，你可以更好地驾驭 AI，让它为你创作出既有"人味"又保持一致性的精彩内容。记住，AI 是你的助手，而不是替代者。通过不断地练习和调整，你最终可以驾驭 AI 这匹"千里马"，让它为你创作出精彩纷呈的作品。

"文章如溪流，一致性是它的河床；风格如歌声，连贯性是它的旋律。唯有始终如一，才能让文字之舟稳稳地驶向读者的心灵港湾。"

观点态度表达

立场确立技巧

让 AI 生成的文章"有灵魂",需要的不仅是润色语言,更重要的是在内容中注入明确的立场和态度。而"灵魂"不是靠 AI 单独"炼制"的,而是通过"人机协作"来实现的。我们既要学会给 AI 明确的指令,也要懂得如何对 AI 生成的内容进行深度优化。

1. 调整提示词:用精确指令塑造 AI 的"态度"

AI 生成内容的核心在于提示词的设置。你给 AI 的提示词不清晰,AI 自然不会"站队"。想要立场鲜明,得先问自己这 3 个"为什么",然后直接写入提示词里:

-我为什么写这篇文章?

-我想表达什么核心观点?

-我希望读者获得什么?

具体怎么操作?来看一个例子。

> **场景：**
> 远程办公。
>
> **初始提示词：**
> 写一篇关于远程办公的文章。
>
> **结果：**
> AI 可能给你一堆中规中矩的好坏对比，既没态度，也没重点。
>
> **优化提示词：**
> 请写一篇支持远程办公的文章，从个人体验和数据分析两个角度论述远程办公的优势，并针对"缺乏团队协作"的反对意见提出解决方案。
>
> **结果：**
> 生成的内容方向明确，支持远程办公，同时预先回应了可能的质疑。

提示词就像文章的方向盘，指哪儿走哪儿。与其给 AI 一个宽泛的命题，不如精准设定立场和角度，让 AI 直接"为你站台"。

2. AI 改完的"坑"，要靠人工填

AI 生成的内容常有一些"通病"，例如，

- 内容太表面化：AI 的观点可能只停留在大多数人都知道的层面，缺乏深度。
- 态度模糊不清：AI 经常一边支持一边反对，结果让人分不清它的立场。
- 缺乏细节或案例：生成的内容常常像"流水账"，没有说服力。

怎么解决？这时候需要人工介入，逐一修补漏洞。例如，

- 深化内容：针对表面化的部分，补充更多实证、数据或案例。
- 明确立场：找到模棱两可的句子，用关键词替换掉犹豫的语气。
- 增强细节：在泛泛而谈的段落中插入更具体的例子和情境。

让我们来看一个例子：

> 场景：
>
> 远程办公的好处。
>
> AI 生成：
>
> 远程办公可以提升效率，也有一些挑战，比如沟通不畅。
>
> 人工修改后：
>
> 远程办公大幅提升了我的效率，例如少了通勤时间，每天能多出两小时集中精力处理工作。同时，通过 Slack、Zoom 等工具，可以有效解决沟通不畅的问题。

人工修改的重点是增加具体细节，并用肯定的语气表达支持立场，让文章更有说服力。

3. 善用对比：明确 AI 生成内容的角度

AI 可以帮助我们快速生成对比内容，但有时它的对比过于简单。要让对比更有深度，可以尝试以下方法：

-主动提示 AI 生成对比结构。例如，给出以下提示词："请将远程办公与传统办公进行对比，重点突出远程办公在节省成本和提升幸福感上的优势。"

-手动优化对比细节：AI 生成的对比句可能不够生动，例如"远程办公更灵活，传统办公更适合沟通"，就需要手动加入案例或数据。

✍ 实 操 示 例

> 手动优化前：
>
> 传统办公的一个优势是沟通更方便，而远程办公则可以节省通勤时间。
>
> 手动优化后：
>
> 传统办公能实现面对面的即时沟通，例如团队头脑风暴。但远程办公则减少了通勤带来的时间成本——每天 3 小时的通勤时间累积下来，一年等于获得了 36 天的额外自由时间。

通过调整和丰富对比内容,既能让观点更鲜明,也能让文章更具体、贴近生活。

4. 主动引入反对意见:增加 AI 文章的批判性

AI 生成内容通常会倾向于"一边倒",忽略可能的反对意见。这是文章深度不足的一大原因。解决方法是直接告诉 AI:"请列出该观点的反对意见,并给出应对方案"。

> **✍ 实操示例**
>
> **场景:**
> 远程办公的反对声音。
>
> **提示词:**
> 请写一篇支持远程办公的文章,同时列出主要反对观点,并针对这些观点逐一反驳。
>
> **AI 生成内容可能包含:**
> 有人认为远程办公会导致沟通不畅,但通过使用 Slack、Zoom 等工具,这个问题是可以解决的。

这样的操作不仅让文章更全面,还能增强说服力。

5. "人机协作"的终极方案:人工润色加持

即使 AI 生成了不错的内容,也不能完全照搬。最终的打磨需要人工调整语感和情绪。例如,

-加入一些"人味"的表达,让读者感同身受,如用比喻和故事增强吸引力。

-调整段落逻辑,确保观点清晰、流畅。

-使用带有情感共鸣的语言,而不是生硬的说明。

05 风格养成方案：打造写作人格体

> ✎ **实操示例**
>
> **场景：**
> 人工润色后的语感优化。
>
> **AI 生成：**
> 远程办公可以提升幸福感，因为员工可以灵活安排时间。
>
> **人工润色：**
> 远程办公提升了我的幸福感——从接送孩子的路上到午后阳光下的书桌，我终于可以真正掌控自己的时间，而不是被堵在城市的车流中。

这样的调整让文章更有温度，同时能让读者更有代入感。

总结：人机协作的"三步走"法则。

-提示词精确设定立场：用清晰的指令，让 AI 直接带上你的观点。

-人工优化生成内容：修正 AI 的表面化问题，用具体细节和语气明确态度。

-润色增强情感共鸣：通过语言和情绪的打磨，让文章更具吸引力。

"立场，是文章的灵魂，也是你征服读者的利剑。"

观点论证方法

上文我们谈到了如何确立文章的立场，就像盖房子打地基一样。地基打好了，接下来就要垒砖砌墙，让你的观点稳固，令人信服。这就是论证的艺术。在 AI 写作中，论证方法用得好，你的文章就不再是干巴巴的机器输出，而是充满力量的观点表达。

想想看，你写了一篇关于"远程办公利大于弊"的文章，只是简单地说"远程办公好"，读者凭什么相信你？你得拿出证据，摆事实，讲道理，才能让人心服口服。

（一）如何让你的 AI 文章"说话算数"？

1. 数据说话，最有力量

就像法庭上需要证据一样，文章里的观点也需要数据支撑。你想说远程办公效率高？那就得拿出数据。例如，"研究表明，远程办公可以提高员工 13% 的生产力。"别忘了，数据来源一定要权威可靠。

AI 提示词技巧：在提示词中明确要求 AI 提供数据支持，例如"请提供关于远程办公提高生产力的统计数据"。

2. 举例说明，通俗易懂

光有数据还不够，还得有具体的例子，让读者更容易理解和接受。例如，你想说远程办公更灵活，就可以举例说明："一位年轻妈妈得益于远程办公，能够更好地兼顾工作和照顾孩子，生活更加从容。"

AI 提示词技巧：要求 AI 提供生活中的具体例子，例如"请提供一个关于远程办公如何帮助家庭生活的例子"。

3. 逻辑推理，环环相扣

就像侦探破案一样，你需要一步步地推理，最终得出结论。例如，你想说学习 AI 写作很重要，你可以这样推理："AI 写作是未来的趋势，掌握 AI 写作技能可以提升竞争力，所以学习 AI 写作很重要。"

AI 提示词技巧：在提示词中要求 AI 进行逻辑推理，例如"请用逻辑推理说明学习 AI 写作的重要性"。

4. 权威背书，增加可信度

引用专家、学者或权威机构的观点，可以增强文章的可信度。例如，你想说人工智能将改变世界，你可以引用比尔·盖茨的观点："人工智能是未来最重要的技术之一"。

AI 提示词技巧：要求 AI 引用权威观点，例如"请引用一位专家关于人工智能未来影响的观点"。

5．对比论证，突出优势

将两种不同的观点或事物进行对比，可以更清晰地展现你的观点。例如，你想说 AI 写作比传统写作更高效，可以对比一下二者在时间、成本等方面的差异。

AI 提示词技巧：在提示词中要求 AI 进行对比分析，例如"请对比 AI 写作和传统写作的效率差异"。

6．善用比喻，深入浅出

用一些生动形象的比喻，可以将复杂的道理解释得通俗易懂。例如，想说明学习是一个循序渐进的过程，可以用"爬楼梯"来比喻，强调学习需要一步一个脚印。

AI 提示词技巧：要求 AI 使用比喻来解释概念，例如"请用一个生动的比喻来描述学习过程"。

7．预设反驳，化解质疑

预先设想读者可能提出的质疑，并进行反驳，可以增强文章的说服力。例如，想说明远程办公虽然好，但也存在一些挑战，可以先承认远程办公可能带来的沟通问题，然后提出相应的解决方案，如定期举行线上会议等。

AI 提示词技巧：在提示词中要求 AI 预设反驳，例如"请预设读者可能的质疑并进行反驳"。

（二）AI 写作中的常见问题及解决方案

在使用 AI 进行写作时，可能会遇到一些问题，如内容不够连贯、缺乏深度或过于机械化。针对这些问题，我们可以采取以下措施：

-调整提示词：如果 AI 生成的内容不够连贯，可以尝试调整提示词，增加具体的要求，例如"请确保段落之间的逻辑连贯"。

-人工干预：在 AI 生成初稿后，进行人工审阅和修改，确保内容的准确性和流畅性。

-多次迭代：通过多次修改和完善提示词，逐步提高 AI 生成内容的质量。

通过这些方法，你可以让 AI 写作更具"人味"，最终创作出既有逻辑又有深度的文章。

"论证不是为了说服别人你是对的，而是帮助他们发现真相的过程；就像播种一样，你播下的是思考的种子，收获的是理解的果实。"

批判性思维融入

想象一下，你读到一篇文章，通篇都是对某个事物的赞美，没有任何质疑的声音，你会不会觉得有点单调，甚至有点假？就像一个只会说"好"的捧哏，时间长了，谁都会觉得乏味。

同样的，如果你的 AI 写出来的文章只是简单地堆砌信息，缺乏批判性的思考，它就很难真正打动读者，更别提引发共鸣和思考了。它就像一只只会重复别人观点的鹦鹉，而不是一个有独立思考能力的"人"。

那么，如何让我们的 AI 创作更有"人味"，融入批判性思维呢？

（一）什么是批判性思维？

说到批判性思维，可能有些朋友会觉得有点高深莫测。其实，简单来说，批判性思维就是不盲从，有自己的主见。就像逛菜市场买菜，你不会只听商家自卖自夸，而是会看一看、问一问，甚至尝一尝，对吧？

批判性思维要求我们对信息进行深入分析和理性判断，而不是照单全收。它帮助我们评估信息的真实性、合理性和有效性，就像侦探破案一样，找到事情的真相。

（二）为什么在 AI 写作中需要批判性思维？

AI 工具确实很强大，能快速生成大量内容。但它毕竟不是人，缺乏情感和价值判断。有时候，AI 可能会给出一些不准确或者偏颇的信息。如果我们只是简单地复制粘贴 AI 生成的内容，文章就可能缺乏深度，甚至误导读者。因此，在 AI 写作中融入批判性思维，既能提升文章质量，又能让内容更有温度，更能引发读者共鸣。

（三）批判性思维在内容创作中的重要性

1. 提升内容的可信度

通过对信息的深入分析和验证，确保你提供的观点和数据是准确可靠的。这样，读者才会信任你，觉得你的文章靠谱。

2. 增强读者的参与感

提出有深度、有见解的观点，能引发读者的思考，甚至让他们主动参与讨论，与你互动。

3. 使文章内容具有独特性

互联网信息泛滥，千篇一律的内容很难吸引读者。融入批判性思维，能让你的文章从众多内容中脱颖而出，独具特色。

4. 促进个人成长

在写作过程中培养批判性思维，也是在提升自己的思维能力和逻辑分析能力，可谓一箭双雕。

(四) 如何在 AI 写作中融入批判性思维？

1. 明确目标，优化提示词

首先，你需要清楚你想让 AI 写什么。然后，精心设计你的提示词，引导 AI 生成更有深度的内容。

提示词示例：请以"远程工作的未来"为主题写一篇文章，分析其优势、挑战，并预测未来发展趋势。

2. 引导 AI 多角度思考

告诉 AI 从不同的角度去分析问题，避免内容单一。

提示词示例：请从企业、员工、社会三个角度，分析远程工作的影响。

3. 深入挖掘事实和数据

要求 AI 提供具体的数据、案例或研究，增强文章的可信度。

提示词示例：请引用相关的研究数据，说明远程工作对生产力的影响。

4. 提出质疑，平衡观点

引导 AI 分析问题的反面，提出可能的挑战或缺点。

提示词示例：除了优势，远程工作还存在哪些问题和挑战？

5. 调整提示词，解决 AI 生成的问题

如果发现 AI 生成的内容有问题，如信息不准确、逻辑混乱等，可以调整提示词，让 AI 重新生成。

提示词调整示例：请深入分析远程工作对员工心理健康的影响，避免过于表面化的描述。

6. 加入个人见解和独特视角

虽然 AI 能生成大量内容，但你的独特观点和个人经验才是文章的灵魂。你可以在 AI 生成的基础上，加入自己的思考。

7. 人工干预，完善内容

最后，对 AI 生成的文章进行审核和修改，确保内容准确、连贯，并符合

你的写作风格。

（五）实战案例

场景：撰写一篇关于"人工智能在教育领域的应用"的文章。

1. 设定明确的目标和问题

目标：探讨 AI 在教育中的优势和挑战，预测未来发展趋势。

问题：AI 会取代教师吗？AI 教育如何影响学生的学习效果？

2. 设计高质量的提示词

提示词示例：请写一篇关于"人工智能在教育领域的应用"的文章，从教师、学生、教育机构三个角度分析其影响，列举优势和挑战，并预测未来发展。

3. 引导 AI 提供具体数据和案例

提示词示例：请引用相关研究数据，说明 AI 教育的效果，并举例说明。

4. 要求 AI 提出质疑，平衡观点

提示词示例：请分析 AI 在教育领域可能带来的问题，如隐私、安全、伦理等方面的问题。

5. 调整提示词，细化内容

如果 AI 生成的内容过于概括，可以进一步细化提示词。

提示词示例：请深入分析 AI 教育可能导致的数字鸿沟问题，提出可能的解决方案。

6. 加入个人见解

在 AI 生成的基础上，你可以加入自己的观点。

人工润色示例：虽然 AI 在教育中有着广阔的应用前景，但我认为教师的角色依然不可替代。教育不仅是知识的传递，更是情感的交流和价值观的培养。

7. 人工干预，完善文章

最后，对整篇文章进行审核，确保逻辑清晰，内容准确，语言流畅。

(六）常见问题及解决方法

1. AI 生成的内容过于表面化

解决方法：调整提示词，要求 AI 深入分析，提供具体数据或案例。

提示词示例：请详细分析……请对…提供具体的例子。

2. AI 提供的信息不准确

解决方法：针对错误的信息，手动查证并修正，或者引导 AI 重新生成。

提示词示例：请确保提供的数据准确，并注明来源。

3. 内容重复或逻辑混乱

解决方法：要求 AI 避免重复，或者重新组织内容。

提示词示例：请避免重复之前的内容，按逻辑顺序重新组织段落。

"批判性思维不是为了否定一切，而是为了更好地理解世界。"

生活化细节添加

细节描写技巧

在写作中,增加细节描写就像是给文章注入生命的灵魂。它们能让读者仿佛身临其境,感受文字中的温度和情感。那么,如何利用 AI 的力量,帮助我们丰富细节描写,让文章更有"人味"呢?

(一)和 AI 一起"培养"观察力

要写出动人的细节,首先要有敏锐的观察力。对于 AI 来说,同样需要我们给予清晰、具体的指令,才能让它帮助我们捕捉生活的细节。

如何修改提示词:

-具体化场景:告诉 AI 你想要描写的具体场景,比如时间、地点、人物等。

提示词示例:请描写一个夏天的傍晚,公园里下起小雨的情景。

-强调感官体验:引导 AI 运用视觉、听觉、嗅觉、味觉、触觉等感官来进行描写。

提示词示例:请用 5 种感官描写早晨在面包店里的感受。

-加入情感倾向：告诉AI这个场景中包含的情感，帮助它更好地传达情绪。

提示词示例：请描写一个人在雨中等待的情景，心情既焦急又期待。

✍ 实操示例

初始提示词：

描写一个人在森林中。

AI生成：

他在森林中走着，周围有很多树。

优化提示词：

请详细描写一个人在森林中漫步的情景，运用感官描写，突出他的放松心情。

优化后的AI生成：

他漫步在幽静的森林中，脚下是柔软的苔藓，树叶间透下斑驳的阳光，鸟儿在枝头欢乐地歌唱，清新的空气中带着泥土的芬芳。他深吸一口气，感到无比的放松和自在。

（二）引导AI运用感官描写

感官描写能让文字更生动，让读者产生共鸣。我们可以在提示词中明确要求AI使用哪些感官来丰富细节。

怎么调教AI：

-视觉描写：强调颜色、形状、光影等。

提示词示例：请描述日落时海面的颜色变化。

-听觉描写：捕捉声音的细节。

提示词示例：请描写夜晚城市中各种声音的交织。

-嗅觉、味觉、触觉：这些常常被忽略的感官能让描写更有层次感。

提示词示例：请描写奶奶做的家常菜的味道和给人的感觉。

> **实操示例**

> 初始提示词:
> 描写春天的花园。
>
> AI 生成:
> 花园里有许多花,很美。
>
> 优化提示词:
> 请用视觉和嗅觉详细描写春天的花园,突出花朵的颜色和香味。
>
> 优化后的 AI 生成:
> 春天的花园五彩斑斓,红的玫瑰、黄的迎春花、紫的丁香竞相开放。空气中弥漫着淡雅的花香,微风拂过,仿佛能嗅到大自然的气息。

(三) 处理 AI 生成内容中的问题

有时候,AI 可能会给出过于笼统或不准确的描写。这时,我们需要进一步调整提示词,或者进行人工干预。常见问题和解决方法如下。

1. 描写过于简单或重复

问题表现:AI 生成的内容缺乏深度,细节描述不丰富。

解决方法:提示 AI 增加描写的层次,或指定需要强调的部分。

> **实操示例**

> 初始提示词:
> 描写一场雨。
>
> 优化提示词:
> 请详细描写一场夏日的雷雨,从开始的乌云密布到雨后的清新空气。

2. 细节不准确或不合理

问题表现:AI 可能生成与现实不符的细节,或者逻辑上有问题。

解决方法:明确提示中的细节,或者在 AI 生成后手动修正。

📝 实操示例

AI 生成：

在寒冷的冬天，太阳高挂在正午的天空，炙烤着大地。

人工干预：

将"炙烤着大地"改为"为大地带来一丝暖意"。

3. 情感表达不足

问题表现：描写缺乏情感，无法引起读者共鸣。

解决方法：在提示词中加入情感指向，告诉 AI 需要表现的情绪。

📝 实操示例

初始提示词：

描写毕业典礼。

优化提示词：

请描写毕业典礼上，同学们依依不舍的情景，突出离别的感伤。

（四）与 AI 互动，逐步完善

写作是一个不断修正的过程。与 AI 合作，也是如此。我们可以通过多次调整提示词，与 AI 进行"对话"，逐步完善细节描写。具体步骤如下：

- 初次生成：提供基础提示词，让 AI 生成内容。
- 审阅内容：阅读 AI 生成的文字，找出不足之处。
- 调整提示词：针对问题，修改提示词，让 AI 重新生成。
- 人工干预：对 AI 无法完美解决的地方，进行手动修改。

📝 实操示例

初始提示词：

描写一个人在海边的感觉。

AI 生成：
她坐在沙滩上，海浪层层翻涌。海风带着凉意抚过她发烫的脸颊，望着无垠海面，她的心中满是敬畏与自在。

问题分析：
描写过于简单，没有细节。

优化提示词：
请详细描写一个人在海边漫步的情景，运用感官描写，突出他内心的平静。

优化后的 AI 生成：
他赤脚走在细软的沙滩上，凉凉的海水轻轻拍打着脚背。海风带着咸咸的味道拂过脸庞，远处海鸥的鸣叫声此起彼伏。他望着蔚蓝的海平面，内心感到无比的平静与释然。

人工干预：
如果觉得还需要加强，可以手动添加或修改句子，使之更符合自己的预期。

"细节是文字的调色板，用心描绘每一笔，才能绘出动人的画卷。"

场景还原方法

假设你正在读一篇关于旅行的文章，里面只是干巴巴地列举了一些景点名称和介绍，是不是感觉味同嚼蜡？但如果文章里描绘了你在清晨推开客栈窗户，看到远处雪山被朝阳染成金色的景象；描绘了你在熙攘的夜市，闻到烤串的香味，听到小贩的叫卖声……是不是瞬间感觉身临其境，恨不得马上收拾行李出发？

这就是场景还原的魔力！它能把读者拉进你创造的世界，让他们感同身受，和你的文字产生共鸣。对于 AI 生成的内容来说，场景还原更是至关重要，因为它能弥补 AI 缺乏生活经验的短板，让内容更接地气，更有人情味。

本节我们将深入探讨场景还原的方法，帮助你在 AI 的辅助下，创造出更具吸引力和感染力的作品。

（一）什么是场景还原？

场景还原就是用文字让一个场景在读者脑海中"活"起来。不只是列出地点、时间或人物，而是让读者仿佛置身其中——能看到、听到、闻到、触到，甚至感受到场景中的情感。AI 能做到这一点吗？答案是肯定的，只需要你用对方法。

（二）场景还原技巧

1. 描述目标明确化：给 AI 一个清晰的任务

AI 擅长执行具体的命令。与其说"写一段关于雨天的文字"，不如说"描述一个雨天的城市街道，包含视觉（雨水洒在玻璃窗上）、听觉（车轮溅起水花的声音）、嗅觉（雨后泥土的味道）和触觉（湿润的空气）。"

清晰的提示词能够帮助 AI 抓住场景的多感官特点。

2. 分步骤提供细节：引导 AI 逐层描述

有时直接生成一段内容可能让 AI 抓不到重点。这时候可以分步骤操作：
-第一步：生成视觉元素，如街道、灯光等。
-第二步：加入听觉和嗅觉，例如人群的喧嚣、烧烤的香味。
-第三步：强调情感，例如"夜晚的街头既热闹又略显孤单"。

分步法既能让场景更细腻，也能避免 AI 生成的内容太宽泛。

3. 引入情感和情绪提示词

AI 会根据提示词中的情感方向来渲染氛围。例如，如果想要浪漫的氛围，可以用"温柔""柔和""诗意"这样的词汇；如果想要紧张的气氛，可以用"昏暗""逼仄""压抑"这些词语。

（三）常见问题及解决方法

1. 问题一：内容平淡，缺乏生动性

表现：AI生成的内容往往过于直接，例如，"这是一条安静的街道，灯光昏暗。"

解决方法：

-提示词改进：增加感官和情感描述。例如，将"写一条街道"改为"用细致的语言描述一条夜晚的小街，突出灯光的闪烁和安静中的神秘感。"

-多次迭代：生成初稿后，继续调整，补充细节。

2. 问题二：细节重复或逻辑不合理

表现：AI可能会生成"灯光明亮，周围的黑暗让人不安"这样的矛盾句。

解决方法：

-明确逻辑提示：例如，"描述一个昏暗的小巷，其中唯一的灯光是街头的老式路灯，周围是完全的黑暗。"

-手动删改：生成后，检查并修订重复或矛盾的地方。

3. 问题三：情感缺失，无法引发共鸣

表现：AI生成的内容"中规中矩"，缺乏情感渲染。

解决方法：

-引导情感：在提示词中加入情感词汇，例如，"写出让人感到温暖的场景，突出人物的宁静与满足。"

-后期调整：根据场景需求手动加入情感化的描述。

（四）手动干预与优化示例

假设我们想要描述一个海边的日出。以下是实际操作步骤。

1. 第一步：基础提示词生成

提示词：描述海边的日出，包含视觉、听觉和情感。

AI生成：太阳从海平面升起，海水波光粼粼。浪花拍打沙滩，传来阵阵清

脆的声音。

问题分析：视觉有了，但缺乏细腻的细节。没有涉及嗅觉、触觉，也缺乏情感的渲染。

2. 第二步：优化提示词

提示词升级为：详细描述海边日出的场景，包括太阳的颜色、光线如何照射海面、浪花的声音与节奏，以及空气的气味和清晨的寒意等。

优化提示词后 AI 生成的内容：太阳缓缓升起，洒下金色的光芒，照亮了起伏的波浪。浪花轻轻拍打沙滩，节奏仿佛大自然的心跳。空气中弥漫着淡淡的海盐味，清晨的凉意让人忍不住裹紧外套。

问题分析：效果提升明显，但情感仍然不足。

3. 第三步：手动干预加入情感元素

加入情感后的修订版：清晨的海边，金色的阳光从水天相接处洒下，仿佛为波浪镶上了一层金边。浪花拍打沙滩的声音清脆而有节奏，像是自然界在耳边低语。海盐的味道夹杂着清晨的寒意，让人神清气爽、满心欢喜。此刻，世界仿佛只剩下这一片宁静与美好，令人不禁停下脚步，感受自然的无尽温柔。

（五）让场景"既有 AI 又有人味"

AI 和人工的最佳组合技巧：

-先用 AI 生成基础内容，快速完成第一稿。

-然后，根据目标需求优化提示词，让 AI 输出更多样化的版本。

-最后，结合自身的经验与想象力，对生成内容进行润色和补充。

"场景还原就像是为文字织就一张温暖的毯子，让读者能够沉浸于细腻入微的温情之中，慢慢走进故事的内核深处。"

氛围营造手法

氛围，是一篇好文章的灵魂，而在这个 AI 可以协助写作的时代，如何通过 AI 将氛围表现得更加细腻生动，是一个值得探索的课题。我们不仅需要让 AI 生成的文字"有人味"，还要学会如何用得巧，调得准，让机器冷冰冰的文字也能打动人心。

那么，如何在文字中巧妙地营造出令人难忘的氛围呢？下面，我们就来看看几种实用的氛围营造手法。

1. 场景描绘：用 AI 生成"画面感"十足的描述

当我们想让 AI 生成具体的场景描写时，提示词的设置尤为关键。简单的描述往往得不到满意的结果。

> **错误提示词示例：**
> 生成一个温馨的咖啡馆场景。
>
> **优化提示词示例：**
> 描述一家温馨的咖啡馆，突出细节，例如咖啡的香味、木质桌椅的纹理、墙角绿植的摆放，以及窗外细雨敲打玻璃的声音。
>
> **常见问题及解决方法：**
> -问题：AI 输出的文字缺乏细节，场景空洞。
> -解决方法：在提示词中强调具体的感官细节（视觉、嗅觉、听觉），并要求使用生动的比喻。

✍ **实 操 示 例**

> **提示词：**
> 描写一个咖啡馆的场景，让读者仿佛置身其中。添加灯光、气味和声音的细节。

AI 生成：

木质桌椅散发着淡淡的松香，桌上的咖啡杯冒着腾腾热气，空气中弥漫着醇厚的咖啡香气。窗外的雨滴轻轻敲打玻璃，伴随着耳边轻柔的爵士乐，整个咖啡馆仿佛一个温暖的避风港。

人工干预：

若 AI 生成的内容过于刻板，可以补充一些画面感描写，例如，"窗外偶尔传来几声行人急促的脚步声，仿佛与这片宁静的氛围形成了鲜明的对比。"

2. 情感渲染：用 AI 挖掘情绪的深度

将情感嵌入氛围，可以让文章更加打动人心。AI 在这方面的作用是，通过对情感的"外化"描写，强化角色的内心世界。

错误提示词示例：

描写一个悲伤的场景。

优化提示词示例：

描写一个深夜，主角孤独地坐在空荡的咖啡馆里，寒风从门缝钻入，增强孤独感。加入内心独白。

常见问题及解决方法：

-问题：AI 生成的文字情感肤浅，缺乏共鸣。

-解决方法：在提示词中明确情感和场景的结合，并引导 AI 在细节上着重刻画。

✍ 实操示例

提示词：

描述主角的孤独感，结合环境细节，强调夜晚的寒冷和空旷。

> **AI 生成：**
>
> 空荡荡的咖啡馆里，霓虹灯在窗外忽明忽暗，寒风从门缝间钻进来，让人不禁打了个寒战。他望着窗外的街道，心里涌上一股说不出的落寞。
>
> **人工干预：**
>
> 补充角色的情感起伏或回忆，例如，"他想起了那些早已散场的朋友，往事像模糊的影子，在脑海中盘旋不去。"

3. 色彩运用：用 AI 勾勒氛围的视觉语言

AI 对色彩的描写往往比较基础，我们需要通过提示词指导它创造生动的视觉场景。

> **错误提示词示例：**
>
> 写一段描写夕阳的文字。
>
> **优化提示词示例：**
>
> 描述一个傍晚，夕阳的余晖洒满金色的麦田，加入色彩的细节和柔和的情感基调。
>
> **常见问题及解决方法：**
>
> -问题：AI 生成的文字对色彩描述单一。
>
> -解决方法：在提示词中明确要求使用多种色彩，并强调色彩与情感的联结。

✍ **实操示例**

> **提示词：**
>
> 完成一段关于金色夕阳下麦田的描写，加入橙色和紫色的渐变，表现温暖和宁静。
>
> **AI 生成：**
>
> 夕阳的金色光辉洒在麦田上，金黄的麦穗在微风中轻轻摇曳，橙色的天空渐渐晕染出紫色的边缘，仿佛一幅温暖而宁静的油画。

人工干预：

若生成的内容不够丰富，可加入动态描写，例如，"远处的燕子'剪'过天边，为这静谧的画面添上了几分活力。"

4. 声音描写：用 AI 生成"听得到"的文字

声音是氛围的重要组成部分。通过提示词明确强调多种声音的层次，可以提升 AI 生成的效果。

错误提示词示例：
完成一段关于森林夜晚的描写。

优化提示词示例：
描写森林的夜晚，加入蛙鸣、风吹树叶的沙沙声，以及远处溪流的潺潺声。

常见问题及解决方法：
-问题：声音描写单一，缺乏层次感。
-解决方法：提示词中明确要求添加多种声音，并描述其相互交织的效果。

✎ **实操示例**

提示词：
描述森林夜晚的声音，结合蛙鸣、树叶沙沙声和溪流潺潺声，营造神秘的氛围。

AI 生成：
夜晚的森林静谧中透着神秘，远处传来溪流的潺潺声，偶尔几声蛙鸣打破了寂静，树叶在微风中沙沙作响，仿佛诉说着古老的秘密。

人工干预：
加入更生动的细节，例如，"蛙鸣时而急促时而缓慢，像是森林中的交响乐。"

5. 动作描写：用 AI 赋予场景活力

通过动作描写，让 AI 生成的文字更加灵动。

> **错误提示词示例：**
> 完成一段关于暴风雨的描写。
>
> **优化提示词示例：**
> 描写一场暴风雨，加入风卷起树枝、大雨拍打窗户的动态细节，以及人在暴风雨中奔跑的场景。
>
> **常见问题及解决方法：**
> -问题：AI 生成的文字缺乏动态感。
> -解决方法：在提示词中明确要求加入动作和变化。

✍ 实操示例

> **提示词：**
> 描写暴风雨来临时的情景，加入风的咆哮、树枝的摇摆，以及大雨敲打屋檐的声音。
>
> **AI 生成：**
> 猛烈的狂风肆意地席卷起地面的落叶，怒吼着横扫过街道，树枝在风中狂舞，仿佛随时都会咔嚓一声断裂。倾盆大雨犹如瀑布般自天际汹涌而下，猛烈地撞击着屋檐，暴发出密集而急促的"啪啪"声响，响彻云霄。
>
> **人工干预：**
> 增加人物的动态，例如，"一个行人顶着风雨艰难地前行，雨水顺着伞边不停滴下。"

"氛围，是文字的灵魂，让每一个字句都跳动着情感的脉搏。"

人工干预手册：AI 文本精修指南

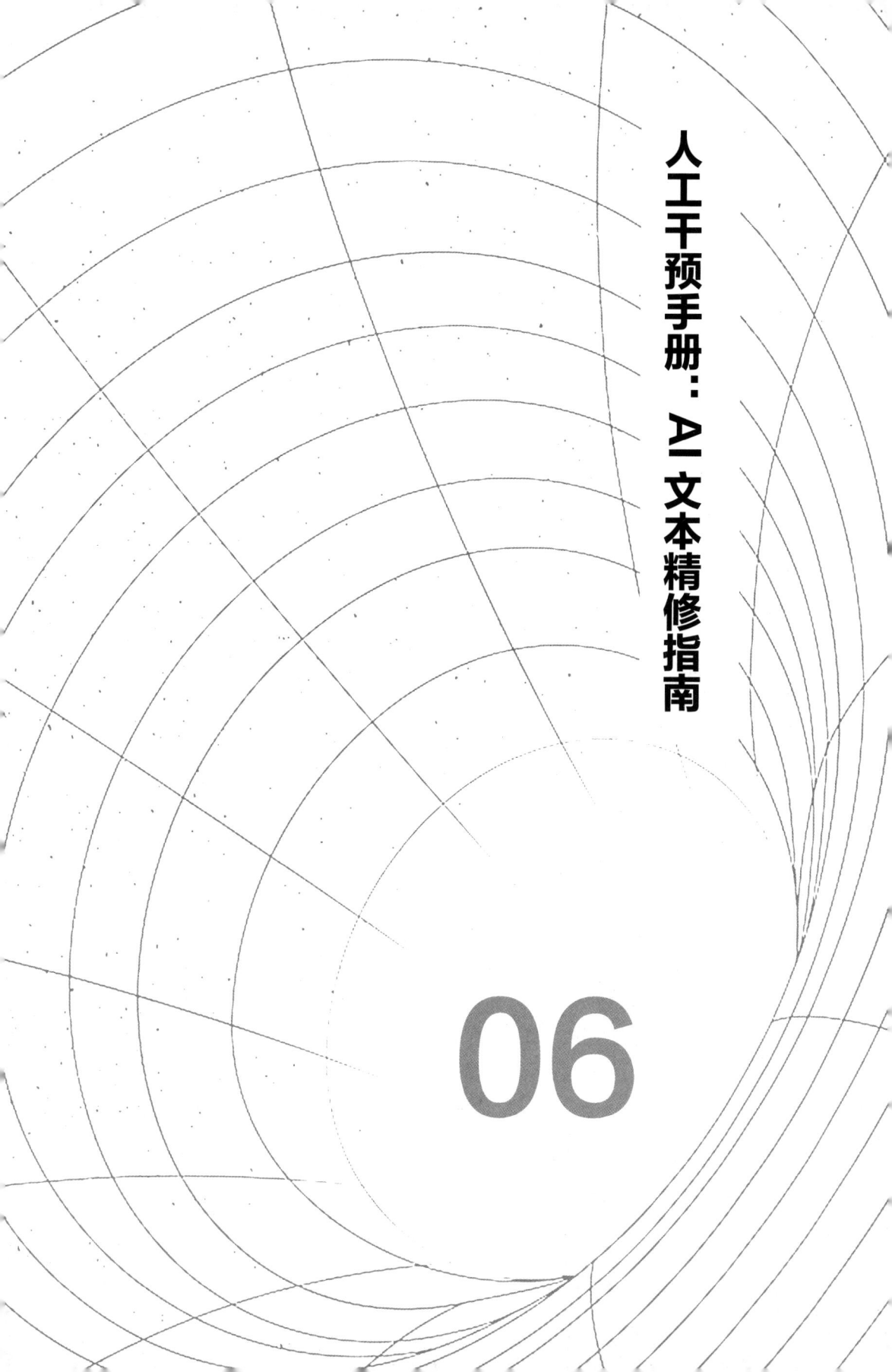

06

内容编辑技巧

结构重组方法

在这个 AI 生成内容的时代,编辑就像是在给一座建筑做装修。没有一个合理的结构,再漂亮的装饰也撑不起整栋楼的美感。所以,掌握结构重组的方法是每个内容创作者的必备技能。接下来,让我们一起探讨如何有效地对 AI 生成的内容进行结构重组,并加入一些 AI 调教的小窍门。

(一)从整体到局部:宏观调整与微观优化

想象一下,你在拼装一件家具。是不是得先看看说明书的整体结构,再逐步细化每一个零件的摆放位置?同样的道理,在编辑 AI 生成的内容时,需要先整体浏览一遍,了解文章的主旨和逻辑框架,然后再逐步优化每个部分。

AI 调教小窍门:如果 AI 生成的内容逻辑混乱,可以尝试调整提示词,明确要求 AI 提供一个清晰的逻辑框架,例如,给出以下提示词:"请按照从整体到局部的顺序生成内容"。

（二）段落重组：让每一段都"说话"

段落是文章的基本单元，每一段都应该围绕一个核心观点展开。如果 AI 生成的内容过于松散，或者某些段落的主题不够明确，就需要进行段落重组，具体步骤如下：

-识别核心观点：找出每一段的核心观点，确保每段都有一个明确的主题。

-调整顺序：将相关性强的段落放在一起，按照逻辑顺序排列。

-合并或拆分段落：如果某些段落内容过于冗长，可以适当拆分；反之，如果有些段落内容过于简短，可以合并。

AI 调教小窍门：如果 AI 生成的段落不够集中，可以在提示词中加入"请确保每段都围绕一个核心观点展开"。

（三）引入过渡句：桥梁作用不可忽视

过渡句就像是桥梁，连接着不同的段落和观点，使文章的整体结构更加紧凑。AI 生成的内容有时候会缺乏自然的过渡，这时候我们需要手动添加一些过渡句来增强文章的连贯性。

AI 调教小窍门：在提示词中加入"请在段落之间添加适当的过渡句"，可以帮助 AI 生成更连贯的内容。

（四）逻辑框架的优化：确保论证严密

一个好的逻辑框架是文章成功的基石。为了确保逻辑严密，我们可以采用金字塔结构、并列结构或递进结构等。

AI 调教小窍门：如果 AI 生成的内容逻辑不够严密，可以在提示词中明确要求使用某种逻辑结构，例如，给出以下提示词："请使用金字塔结构展开论述"。

（五）内容精简与扩展：保持适当的内容密度

有时候，AI 生成的内容可能会出现信息过载或内容过于简略的情况。此时，我们需要进行内容的精简与扩展，以保持适当的内容密度。

AI 调教小窍门：在提示词中加入"请提供详细的解释和例子"或"请简洁

明了地表达观点",可以帮助 AI 生成更合适的内容。

(六) 视觉结构的优化：图表与分点展示

除了文字内容，视觉结构也是提升文章可读性的重要因素。通过使用图表、分点列表等方式，可以让信息更加直观。

AI 调教小窍门：在提示词中加入"请使用分点列表展示信息"或"请提供图表说明"，可以帮助 AI 生成更直观的内容。

(七) 案例与故事的引入：增强情感共鸣

人们天生喜欢故事，通过案例和故事的引入，可以让文章更具吸引力和感染力。

AI 调教小窍门：在提示词中加入"请提供一个相关的案例或故事"，可以帮助 AI 生成更生动的内容。

(八) 反复审阅与反馈：持续优化的关键

结构重组并非一次性完成的任务，而是一个需要不断审阅和优化的过程。通过多次审阅，可以发现并纠正结构上的不足。

AI 调教小窍门：在提示词中加入"请根据以下反馈进行修改……"可以帮助 AI 更好地优化内容。

(九) 工具辅助：利用技术提升效率

在进行结构重组时，合理利用工具，可以大大提升效率。思维导图、文本编辑软件和 AI 辅助工具都是不错的选择。

AI 调教小窍门：在提示词中加入"请使用思维导图展示结构"，可以帮助 AI 生成更清晰的内容。

(十) 人工干预的艺术：最后的"打磨"工作

无论 AI 多强大，人工干预仍是不可或缺的一步。下面是几个关键的人工调整方法。

1. 人性化表达

AI 的语言有时候显得过于机械。这时，我们可以通过添加生动的比喻或修辞手法，让内容更有温度。例如，

AI 生成：段落重组让文章逻辑更清晰。

人工优化：段落重组就像把打乱的拼图重新拼接正确，让整幅图像逐渐清晰呈现。

2. 结构上的大调整

AI 生成的文章结构虽然"有模有样"，但未必是最优解。我们可以人工进行调整，例如，

-将结论提到文章开头，吸引读者。

-将过于详细的部分放到附录，保持文章流畅。

3. 案例补充与情感共鸣

AI 不擅长生成"有温度"的案例。此时，可以补充一些现实案例或小故事。

-现实案例：一位编辑，通过段落重组，将一篇冗长的技术文章压缩为三分钟就能读完的干货。

-小故事：段落重组就像是一位经验丰富的拼图玩家，手中握有一堆看似毫无关联的拼图碎片（文章中的各个段落）。起初，这些拼图碎片散落各处，毫无头绪。但玩家凭借着耐心和对整体图案的把握（对文章主题和逻辑的理解），仔细观察每一块拼图碎片的位置，将它们拼接在一起。最终，一幅完整而生动的图画（条理清晰、简洁明了的文章）就呈现在大家眼前。

"良好的结构，是内容的脊梁；掌握重组之道，文章自成经典。"

逻辑优化技巧

你有没有遇到过这样的情况：让 AI 写了一篇文章，读起来却像一盘散沙？每句话都挺通顺，但就是感觉缺了那么一根"线"把它们串起来。别担心，这

很正常！接下来，我们就来聊聊如何通过逻辑优化，让你的 AI 文章像剥洋葱一样，层层递进，逻辑清晰，让人读起来"倍儿爽"！

很多时候，AI 就像一个知识渊博但有点"思维跳跃"的朋友，它能一口气输出大量信息，但这些信息之间可能缺乏逻辑关联，就像一堆散落的珍珠，虽美却没串成项链。这时候，我们就需要当那个"穿针引线"的人，用逻辑这根线，把这些珍珠串成一条漂亮的项链。

具体怎么操作呢？别急，我这就给你支几招，还会教你如何调整提示词，让 AI 更听话。

（一）清晰的思路架构

首先，我们得有一个清晰的思路。就像盖房子，得先有图纸，不然盖着盖着房子就歪了。

1. 列出大纲

在给 AI 下指令前，先把你想要的内容大纲写清楚。例如，你可以这样提示 AI：

请按照以下大纲写一篇关于环保的文章：
-环境污染的现状；
-环境污染的原因；
-保护环境的措施。

2. 明确过渡句

告诉 AI 要在段落之间加上过渡句，帮助内容更连贯。例如，给出以下提示词：请在每个段落之间使用过渡句，使文章连贯流畅。

3. 强调逻辑顺序

提醒 AI 要按顺序来，不要跳来跳去。

提示词示例：请按照先提出问题，再分析问题，最后解决问题的逻辑顺序进行写作。

可能遇到的问题：AI 输出的内容过于模板化，AI 可能会机械地按照大纲生成内容，缺乏细节和深度。

解决方法：细化提示词，在每个大纲要点下再加上具体要求。

细化提示词示例：在"环境污染的原因"中，详细说明工业排放、汽车尾气和生活垃圾三个方面。

（二）一致性的保持

文章的一致性就像人的性格，前后不一会让读者摸不着头脑。

1. 统一术语

在提示词中明确使用的术语。

提示词示例：请在全文中使用"人工智能"这个词，不要用"AI"或"机器学习"代替。

2. 保持语气一致

告诉 AI 你想要的语气。

提示词示例：请用轻松幽默的语气写作，全文保持一致。

3. 前后一致

提醒 AI 注意前后内容的连贯性。

提示词示例：请确保文章前后内容一致，不要自相矛盾。

可能遇到的问题：AI 可能忽略你的要求，忘记保持一致性。

解决方法：在提示词中重点、多次强调。

优化提示词示例：请特别注意，全文都要用轻松幽默的语气，并且统一使用"人工智能"这个词。

（三）因果关系的明确

明确的因果关系能让文章更有说服力。

1. 使用因果提示词

告诉 AI 要使用"因为""所以""因此"等词语。

提示词示例：请在解释观点时，使用因果连接词，明确原因和结果。

2. 要求举例说明

让 AI 用实例来说明因果关系。

提示词示例：请举例说明空气污染如何导致健康问题。

可能遇到的问题：AI 提供的例子不贴切，可能会给出不相关或虚构的例子。

解决方法：在提示词中指定你想要的例子类型。

优化提示词示例：请列举某城市因空气污染导致居民健康问题的真实案例。

（四）避免逻辑漏洞

逻辑漏洞就像文章里的坑，读者一不小心就掉进去，影响阅读体验。

1. 在提示词中强调逻辑性

提示词示例：请确保论证过程严谨，避免出现逻辑漏洞。

2. 要求 AI 用数据或权威观点来支持论点

提示词示例：请引用权威机构的数据来支持你的观点。

可能遇到的问题：AI 可能会生成不存在的数据。

解决方法：核实内容，自己检查 AI 提供的数据，必要时手动修改。

（五）层层递进的逻辑结构

让文章像爬楼梯，一步一步把读者带到高处。

1. 分步指导

在提示词中要求逐步展开。

提示词示例：请将如何保护环境分为三个步骤，每个步骤详细说明。

2. 强调递进关系

提醒 AI 每一部分要比前一部分更深入。

提示词示例：请在每一段中提供比上一段更深入的分析。

可能遇到的问题：AI 可能思维过于跳跃，无法按要求递进。

解决方法：逐段生成，一次只让 AI 生成一段内容，确保每段都符合要求。

（六）逻辑链条的紧密连接

让文章的观点像链条一样，一环扣一环。

1. 要求前后呼应

在提示词中进行说明。

提示词示例：请在结尾总结全文，并呼应开头的观点。

2. 强调连接性

让 AI 注意段落之间的联系。

提示词示例：请确保每一段都与上一段紧密相连，过渡自然。

可能遇到的问题：AI 生成的内容可能会忽略过渡，段落之间缺乏连接。

解决方法：在每个段落的提示词中加入过渡要求。

（七）使用逻辑图表辅助

有时候，一图胜千言。

1. 请求描述图表

虽然有些 AI 不能生成图表，但可以描述。

提示词示例：请在文中加入一个关于环保措施的列表，并逐一说明。

2. 用列表整理信息

让 AI 以列表形式呈现复杂信息。

提示词示例：请用要点列表的形式，列出减少碳排放的具体措施。

可能遇到的问题：AI 描述不清晰，信息仍然杂乱。

解决方法：明确格式要求，告诉 AI 你希望的信息呈现方式。

提示词示例：请用数字序号列出 3 个主要措施，每个措施都要给出具体解释。

（八）反向思维的应用

换个角度看问题，可能会有新的收获。

1. 提出反面观点

让 AI 列出反对意见。

提示词示例：请列出有人认为环保不重要的 3 个理由，并进行反驳。

2. 换位思考

让 AI 从不同角色的视角进行描写。

提示词示例：请从一位环保志愿者的角度，谈谈对环境污染的看法。

可能遇到的问题：AI 可能只罗列观点，不深入分析。

解决方法：在提示词中强调需要更加深入的分析。

优化提示词示例：请对每个反对意见进行详细的反驳，提供具体论据。

（九）案例分析与实证支持

实际案例能让文章更有说服力。

1. 要求引用真实案例

在提示词中说明。

提示词示例：请列举某城市成功治理污染的真实案例。

2. 引用权威数据

让 AI 提供可靠的数据来源。

提示词示例：请引用世界卫生组织的数据。

可能遇到的问题：AI 可能编造案例或数据。

解决方法：对 AI 提供的信息进行验证，必要时手动更正。

（十）持续优化与反馈

最后，别忘了和 AI 多互动，多磨合。

1. 多次迭代

如果对 AI 的初稿不满意，可以调整提示词，让 AI 重新生成。

提示词示例：上一版写得不错，但能否在第二部分加入更多关于工业污染的细节？

2. 提供具体反馈

告诉 AI 你喜欢和不喜欢的地方。

提示词示例：我喜欢你提到的环保措施，但能否用更通俗的语言来表达？

可能遇到的问题：可能要对 AI 进行多轮训练才能达到满意的效果。

解决方法：保持耐心，多试几次，总能找到最佳的训练方式。

"逻辑就像空气，虽然看不见摸不着，但好的逻辑能让文章像呼吸一样自然顺畅。通过巧妙地引导 AI，我们可以让它写出的文章既有理有据，又能打动人心。"

重点突出手法

在信息爆炸的时代，读者的注意力就像沙滩上的贝壳，一不小心就被浪潮带走了。因此，无论是 AI 生成的内容，还是我们自己写的文章，如何在茫茫文海中脱颖而出，抓住读者的眼球，成了每个内容创作者必须面对的挑战。而在这其中，重点突出手法无疑是让文章闪闪发光的秘诀。

（一）什么是重点突出？

简单来说，重点突出就是在文章中有意识地强调某些信息，让它们像舞台上的主角一样，瞬间吸引读者的目光。就像一部电影中的高光时刻，通过镜头、音乐、剧情的配合，让观众铭记于心。

在使用 AI 生成内容时，我们可以通过调整提示词，引导 AI 强调特定的内容。举个例子：

初始提示词：请写一篇关于健康饮食的文章。

优化提示词：请写一篇关于健康饮食的文章，重点强调每天摄取充足水分的重要性，并在文中突出这一点。

通过明确的指令，AI 会更加注重我们想要强调的内容。

（二）为什么重点突出如此重要？

试想一下，你走进一家书店，面对成千上万的书籍，如果一本书的封面设计毫无特色，你可能连翻开的兴趣都没有。同样的道理，如果我们的文章没有突出重点，读者很可能读到一半就"溜号"了。

使用 AI 写作时，如果不注意重点突出，生成的内容可能会显得平淡无奇，无法打动读者。

（三）如何利用 AI 实现重点突出？

1. 明确提示词，强调重点

在提示词中明确指出你想要强调的内容。

示例：

-不够明确的提示词：请写一篇关于时间管理的文章。

-明确的提示词：请写一篇关于时间管理的文章，重点讨论如何利用早晨的黄金时间提高效率。

可能出现的问题：AI 可能会偏离主题，或对重点着墨不够。

解决方法：进一步细化提示词，甚至可以指定段落数量、结构等。

2. 使用引导性语言

在提示词中使用引导性语言，如"请重点阐述""特别强调"等。

提示词示例：请写一篇关于学习方法的文章，特别强调实践的重要性。

可能出现的问题：AI 可能只是在文中简单提及实践，而没有深入讨论。

解决方法：在提示词中要求提供具体的实例或案例。

优化提示词示例：请写一篇关于学习方法的文章，特别强调实践的重要性，并举3个具体的例子。

3. 要求使用特定的格式

在提示词中指定格式，如使用标题、小标题、列表等。

提示词示例：请写一篇关于健康生活的文章，使用小标题和列表，重点突出均衡饮食、适当运动和充足睡眠的重要性。

可能出现的问题：AI可能未按要求的格式输出。

解决方法：明确指出格式要求，例如，给出以下提示词："将每个重点作为小标题，并在下面详细阐述"。

4. 添加情感和故事

让AI在文章中加入情感或故事，以增强文章的吸引力。

提示词示例：请写一篇关于环保重要性的文章，加入感人的故事，突出个人行动的影响。

可能出现的问题：AI可能生成的故事过于宽泛，不够感人。

解决方法：提供故事的大致情节，或指定情感基调。

优化提示词示例：请写一篇关于环保重要性的文章，讲述一个小女孩通过自己的努力，带动全村人一起植树的感人故事。

（四）人工干预与优化

即使有了精心设计的提示词，AI生成的内容仍可能不尽如人意。这时，我们就需要进行人工干预，优化内容。具体步骤如下：

1. 审阅AI生成的内容

通读全文，看看是否突出重点，是否符合预期。

2. 标记问题

找出内容中不足的地方，如重点不突出、语言平淡、缺乏实例等。

3. 再次调整提示词

根据发现的问题，优化提示词，引导AI生成更好的内容。例如，

-发现问题：AI未能深入讨论均衡饮食的重要性。

-优化提示词：请详细阐述均衡饮食的重要性，提供具体的数据和研究结果。

4. 手动修改

如果多次调整后仍不满意，可以手动对内容进行修改。添加自己的观点、修饰语言、强化重点。

（五）实战案例

初始提示词：

请写一篇关于时间管理的文章。

AI生成：

（内容平淡，此处省略）。

问题：

缺乏重点，无法引起读者兴趣。

优化提示词：

请写一篇关于时间管理的文章，重点讨论"番茄工作法"的使用技巧，并列举实际案例。

优化后的AI生成：

（加入了"番茄工作法"的介绍，但仍然浅显，此处省略）。

进一步优化提示词：

请写一篇关于时间管理的文章，深入分析"番茄工作法"的优缺点，结合个人经历，突出其在提高效率方面的作用。

再次优化后的AI生成：

《高效利用时间：我的"番茄工作法"实践之旅》

> 时间管理就像在沙滩上筑堤坝，稍不注意，时间的浪潮就会冲垮我们的计划。多年来，我尝试了各种方法来提升效率，直到遇见了"番茄工作法"，才找到了一种真正契合自己的时间管理工具。
>
> 什么是"番茄工作法"？
>
> "番茄工作法"由弗朗西斯科·西里洛于 20 世纪 80 年代末提出。它的核心理念是将工作分割成一个个 25 分钟的专注时间段，称为"番茄钟"，每个"番茄钟"后休息 5 分钟。完成 4 个"番茄钟"后，休息时间可以延长至 15~30 分钟。这种循环旨在提高专注力，防止疲劳。

优点分析：

-提升专注力：25 分钟的短暂冲刺使人更容易集中注意力，避免了长时间工作的倦怠感。

-防止拖延：固定的时间段迫使我们立即行动，而不是一味拖延。

-减轻疲劳：定期的休息让大脑有机会放松，保持高效状态。

-可视化进程：每完成一个"番茄钟"，都能获得一点小小的成就感，激励自己继续前进。

缺点分析：

-打断思路：有时在深度思考时，25 分钟的时间限制可能会打断思路，影响创意的连续性。

-不适用于所有任务：一些复杂或需要长时间专注的任务，可能无法在短时间内完成。

-灵活性不足：严格的时间划分可能与突发事件或不可预见的任务产生冲突。

-初始适应困难：刚开始使用时，需要时间去适应这种节奏，可能会感觉不自然。

个人经历分享：

初次尝试"番茄工作法"时，我对自己能否坚持持怀疑态度。但当我设定了第一个 25 分钟的计时器，开始专注于手头的任务时，发现时间过得飞快。

短暂的压力让我全神贯注，不再被手机消息或其他琐事分心。

然而，也遇到了挑战。有一次，我正处于灵感的巅峰，计时器却响了。纠结之下，我选择继续工作，打破了原有的时间安排。这让我意识到，"番茄工作法"需要灵活运用，而不是机械地遵循。

如何发挥"番茄工作法"的最大效用？

-根据任务调整时间：对于需要深度思考的任务，可以延长"番茄钟"的时间，例如设定为45分钟。

-合理安排休息：休息时远离工作环境，做一些放松身心的事情，如伸展、喝水或短暂散步。

-记录并反思：每天结束时，回顾完成了多少个"番茄钟"，哪些任务耗时超出了预期，以便优化未来的计划。

"在信息的海洋中，善用 AI 和重点突出手法，才能让你的文字如灯塔般，照亮读者的心。"

人工润色要点

语言美化技巧

一篇由 AI 生成的初稿,就像一块璞玉原石,虽然内在可能光彩夺目,但表面粗糙,缺乏光泽。我们需要做的,就是用语言这把精巧的刻刀,把它雕琢成一件精美的艺术品。

那么,如何让 AI 生成的文字更加生动、优美、富有感染力呢?

(一)丰富的词汇选择

俗话说,词汇是语言的灵魂。一个丰富的词汇库不仅能让表达更加精准,还能让文字更具感染力。AI 写作工具通常会提供大量的词汇选择,但如何在其中挑选最适合的词汇,却需要我们自己来把关。

举个例子:

假设你在描述一个美丽的日出,AI 可能会建议用"美丽""壮观"等词汇。你可以尝试用更具画面感的词语,如"霞光万道""朝阳初升",这些词汇不仅丰富了描述,还让读者仿佛身临其境。

实用小技巧：

-同义词替换：在 AI 生成的内容中，挑选一些常见的词汇，尝试用同义词替换。例如，将"高兴"替换为"欣喜若狂""愉悦"等，使表达更加丰富。

-使用形象化的词语：选择能够唤起读者感官体验的词汇，如"香气扑鼻""波光粼粼"等，这些词语能让文字更具画面感。

-避免重复：同一个词在一篇文章中多次出现，会让读者感到单调。通过丰富词汇，可以有效避免这种情况。

（二）修辞手法的运用

修辞手法是语言美化的利器，能够让文字更加生动、有趣。常见的修辞手法包括比喻、拟人、排比等。

比喻是一种常用的修辞手法，通过将两种不同的事物进行对比，来增强表达效果。例如，

-原句：春天来了，花开了。

-修饰后：春天像一个温柔的画家，用绚丽的色彩点缀大地，花儿们纷纷绽放。

拟人则是赋予无生命的事物以人的特征，使描写更加生动。例如，

-原句：风吹过，树叶摇动。

-修饰后：风儿轻抚着树叶，仿佛在低语着春天的秘密。

排比能够增强句子的节奏感和气势。例如，

-原句：他不仅聪明，而且勤奋，还很有创造力。

-修饰后：他聪明，闪耀着智慧的光芒；他勤奋，闪耀着努力的光芒；他有创造力，闪耀着创新的光芒。

实用小技巧：

-适度使用：修辞手法虽好，但过度使用会让文字显得做作。关键是找到平衡点，让修辞为文字增色，而不是喧宾夺主。

-贴近主题：选择与主题相关的修辞手法，使其更具相关性和表现力。

-结合情感：通过修辞手法传达情感，让读者在感性层面与文字产生共鸣。

（三）句式多样化

单调的句式会让文章显得乏味，影响阅读体验。通过调整句式结构，可以让文字更具节奏感和层次感。

举个例子：

-单一句式：他喜欢读书。他每天都读书。

-多样句式：他热爱书籍，每天沉浸在文字的海洋中，享受心灵的滋养。

实用小技巧：

-长短句结合：长句可以用来描述复杂的情景，短句则能增强语气的力度。二者结合使用，可以让文章更有节奏感。

-疑问句和感叹句：适当使用疑问句和感叹句，可以增加文章的互动性和情感表达。例如，"难道这不是最美的景色吗？""多么令人震撼的瞬间！"

-倒装句：通过改变句子的常规顺序，可以突出重点，使表达更有特色。例如，相比于"夜晚宁静，星星点点"，"宁静的夜晚，星星点点"更具诗意。

（四）段落结构优化

一个好的段落结构不仅能让内容更清晰，还能增强文章的逻辑性和可读性。通过优化段落结构，可以让读者更容易理解和接受你的观点。

举个例子：

-原来的段落：今天的天气很好，阳光明媚。我决定去公园散步。公园里有很多花草树木，还有小朋友在玩耍。

-优化后的段落：今天，阳光明媚，微风拂面。我决定出门散步，来到了附近的公园。公园里，繁花似锦，绿树成荫，孩子们在草地上欢快地嬉戏，整个世界仿佛都沉浸在春天的美好之中。

实用小技巧：

-主题明确：每个段落应有一个明确的主题句，围绕主题展开，避免内容杂乱无章。

-逻辑连贯：通过使用过渡词和连接词，使段落之间逻辑连贯，形成自然的流动。例如，"此外""同时""然而"等。

-段落长度适中：过长的段落容易让读者感到疲劳，过短则可能缺乏深度。适当调整段落长度，保持内容的丰富性和可读性。

（五）细节描写增强

细节是文章的灵魂，通过细节描写，可以让文字更具真实感和代入感。无论是景物描写还是人物刻画，细节的丰富与否，直接影响到读者的阅读体验。

举个例子：

-简略描写：她在咖啡馆里喝咖啡。

-细节丰富的描写：她坐在咖啡馆靠窗的位置，手捧一杯热气腾腾的拿铁，窗外的阳光透过玻璃洒在她的脸上，映出温暖的光晕。

实用小技巧：

-五官描写：通过视觉、听觉、嗅觉、触觉、味觉等多方面的感官描写，增强细节的真实感。例如，"咖啡的香气扑鼻而来，轻柔的爵士乐在咖啡馆里回荡。"

-动态描写：描写动作和变化，赋予文字生命力。例如，"树枝在风中摇曳，叶片轻轻摩挲，仿佛在低语。"

-情感融入：通过细节描写表达人物的内心情感，让读者更易产生共鸣。例如，"她的手指微微颤抖，紧紧握着那杯咖啡，眼神中闪烁着无尽的忧虑。"

（六）语感与节奏的掌握

语言的美感不仅来自于词汇和修辞，更来自于语感和节奏的把握。好的语感和节奏能让文章读起来更顺畅，给人以美的享受。

举个例子：

-平淡无奇：他走在街上，感觉很开心。

-有节奏感：他漫步在熙熙攘攘的街头，心中洋溢着难以抑制的喜悦。

实用小技巧：

-重读与轻读：通过重读和轻读的安排，控制句子的节奏。例如，"她轻轻地走进房间，缓缓地坐下。"

-句式变化：交替使用不同的句式，避免单调。例如，长句与短句交替使用，营造出节奏的起伏。

-押韵与重复：适度使用押韵和重复，可以增强语言的韵律感。例如，"风吹草低见牛羊，夕阳西下照归途。"

（七）语法与标点的精准运用

语法和标点的正确使用是语言美化的基础。即便是最优美的词汇和最生动的修辞，如果语法错误百出，也会让文章大打折扣。

举个例子：

-错误语法：他喜欢读书，因为读书他开心。

-正确语法：他喜欢读书，因为读书让他感到开心。

实用小技巧：

-句子结构清晰：确保每个句子的主语、谓语、宾语明确，避免语义混乱。

-标点正确：合理使用标点符号，帮助读者更好地理解句意。

-避免语法错误：认真检查每个句子的语法结构，确保没有拼写错误、主谓不一致等问题。

（八）文化与情感的融合

语言的美感往往与文化和情感紧密相连。通过融入文化元素和情感表达，可以让文字更具深度和感染力。

举个例子：

-单一情感：她感到悲伤。

-融合情感与文化：她站在古老的石桥上，眼中闪烁着泪光，仿佛那桥下流淌的不仅是河水，还有她心中的无尽哀愁。

实用小技巧：

-文化元素的引用：适当引用文学作品、谚语、典故等文化元素，增加文字的内涵。例如，"他如同鲁滨逊般在孤岛上坚守自己的信念。"

-情感的真实表达：用真实的情感打动读者，避免表面的情感堆砌。例如，通过具体的场景和细节，表现人物内心的复杂情感。

-情感的层次感：表达情感时，注意层次的递进，让情感更加立体和深刻。例如，从轻微的喜悦到深深的满足，逐步展开情感的变化。

（九）简洁与精练

语言的美感不仅来自于丰富的词汇和生动的修辞，还来自于简洁和精练。简洁的语言能更有效地传达信息，让读者一目了然。

举个例子：

-冗长：他因为天气非常好，所以决定去公园散步。

-简洁：天气晴朗，他决定去公园散步。

实用小技巧：

-去除冗余：删去不必要的词汇，使句子更加紧凑。例如，将"他正在慢慢地走路"简化为"他慢慢走路"。

-精准表达：选择最能表达意思的词汇，避免绕圈子。例如，将"他非常喜欢"简化为"他喜爱"。

-直击主题：每句话都应围绕主题展开，避免偏离主题的内容。

（十）反复练习

语言美化是一门需要不断练习和积累的艺术。通过反复的练习和及时的反馈，可以不断提升自己的语言表达能力。

实用小技巧：

-多读多写：多阅读优秀的文学作品，积累词汇和修辞手法。同时，多写作，实践所学的语言美化技巧。

-寻求反馈：将自己的作品分享给他人，听取他们的意见和建议，发现自己的不足之处。

-反思与改进：根据反馈，反思自己的写作方式，不断改进和提升。

"AI 是笔，你是手，最终绘出锦绣山河的，是你对文字的热爱和掌控。"

情感调节的方法

你有没有遇到过这样的情况？让 AI 帮你写一段文字，结果生成的内容就像机器在背书，冷冰冰的，毫无感情。这感觉，就像对牛弹琴，让人尴尬又无奈。

别急，其实我们可以通过一些小技巧，让 AI 写出来的内容更有"人情味"。

1. 用共情视角引导 AI

想象一下，你和朋友坐在咖啡馆，聊着最近的趣事。这种轻松愉快的氛围，正是我们想要的。

怎么让 AI 也这么写呢？在给 AI 下指令时，可以加上"请以朋友间聊天的口吻写一段关于…的文字"。

> **✎ 实操示例**
>
> 初始提示词：
> 请写一段介绍我们新产品的文字。
>
> 优化提示词：
> 想象你在向朋友推荐一款心仪的产品，用亲切随和的口吻写一段介绍。

2. 分步骤引导情感递进

就像烹饪需要慢火细炖，情感的表达也需要层层递进。

怎样让 AI 做到这一点呢？提示词可以这样改："请分 4 段写作，依次是开篇设定情感基调，逐步升温，达到情感高潮，最后以温暖的基调收尾。"

> **✎ 实操示例**
>
> 初始提示词：
> 写一篇关于坚持的重要性的文章。

优化提示词：

请分 4 个段落写作，讲述坚持的重要性，逐步引入情感，并通过一个感人的故事达到高潮，最后以鼓励的话语结尾。

3. 巧用语气词，让文字鲜活起来

适当的语气词，能让文字更有温度，但 AI 可能不会主动添加。

怎么引导 AI 呢？提示词可以这样改："在文字中适当加入'其实''你看''说实话'等词语，增加亲切感。"

✍ 实操示例

初始提示词：

请写一段关于环保重要性的文字。

优化提示词：

用亲切的口吻，适当加入语气词，写一段关于环保重要性的文字。

4. 引导 AI 讲故事

人类都喜欢听故事，但是 AI 可能会直奔主题，而忽略了故事性。

怎么让 AI 也会讲故事呢？提示词可以这样改："通过一个生动的故事来说明……故事中包含 XX、XX 元素。"

✍ 实操示例

初始提示词：

说明团队合作的重要性。

优化提示词：

讲述一个关于几个人共同完成挑战的故事，以此说明团队合作的重要性。

5. 植入情感词汇

有时候，AI 的词汇比较生硬，我们需要引导它使用更多情感化的词语。

提示词可以这样改:"在文字中使用如'开心''感动''温暖'等情感词汇。"

> ✎ 实操示例
>
> 初始提示词:
> 描述参加志愿活动的感受。
>
> 优化提示词:
> 用充满情感的语言,描述参加志愿活动的开心和感动,使用情感词汇。

6. 设计互动性的问题

让读者感觉被关注,是增强情感共鸣的好方法。

提示词可以这样改:"在文字中加入互动性的问题,例如,'你是否也觉得……'"

> ✎ 实操示例
>
> 初始提示词:
> 写一段话,描述旅行的乐趣。
>
> 优化提示词:
> 以互动的方式写一段话,描述旅行的乐趣,并询问读者的感受。

7. 注意情感的平衡

过犹不及,过分煽情反而适得其反。

提示词可以这样改:"保持情感表达的适度,不要过分煽情,语言真诚。"

> ✎ 实操示例
>
> 初始提示词:
> 写一段鼓励人们追求梦想的文字。
>
> 优化提示词:
> 用真诚的语言,适度表达情感,鼓励人们追求梦想。

8. 引导 AI 描绘具体场景

场景描绘能让文字更生动,但需要我们在提示中进行明确。

提示词可以这样改:"描绘一个…的场景,让读者有身临其境的感觉。"

> ✎ **实 操 示 例**
>
> 初始提示词:
>
> 描绘下雨天的心情。
>
> 优化提示词:
>
> 通过描绘一个下雨天撑伞漫步的场景,呈现主人公当时的心情。

9. 挖掘读者的共鸣点

找准读者的情感共鸣点,能让文字更有感染力。

提示词可以这样改:"在文字中提及大家普遍关心的……引发共鸣。"

> ✎ **实 操 示 例**
>
> 初始提示词:
>
> 写一段关于时间流逝的感慨。
>
> 优化提示词:
>
> 提及每个人都会经历的成长过程,写一段关于时间流逝的感慨,引发读者共鸣。

10. 最后的人性化润色

即使 AI 已经写得不错了,我们也需要最后自己过一遍,进行人性化的润色。人工干预的方法如下。

-阅读全文,感受情感是否自然流露。

-修改生硬的句子,替换更贴切的词汇。

-确保整体语气一致,避免前后矛盾。

> ✎ 实操示例
>
> AI 生成：
> 你能否感受到这美好的时刻。
>
> 人工润色：
> 此刻的美好，你是否也感同身受？

通过这样的调整，文字读起来就更有味道了。

"文字是情感的载体，有了温度，才能直抵人心。让我们善用 AI 的力量，加上我们的智慧，共同创造出温暖而有力量的文字。"

细节完善策略

说起细节，我总喜欢用这样一个比喻：如果把 AI 生成的内容比作一幅素描画，那么细节完善就像是在这幅画上添加明暗层次、质感和细微的笔触，让整幅画栩栩如生。下面，让我们一起来探讨如何在 AI 生成的内容中完善那些令人眼前一亮的细节。

（一）理解细节的重要性

细节不仅仅是内容的点缀，更是提升文章质感和可信度的关键。假设你在阅读一本小说，作者在描述一个角色时，只说他"很高兴"，那么你能感受到这个角色的喜悦吗？还是感觉有点抽象？如果作者写道："他脸上绽放出灿烂的笑容，眼睛闪烁着光芒，仿佛整个世界都在为他的快乐而欢呼。"这样的细节描写，会让读者更有代入感，更能体会角色的情感。

同样的道理，AI 生成的内容如果缺乏细节，就像一幅模糊的画作，难以引起读者的共鸣。因此，细节完善不仅是为了美化内容，更是为了增强内容的表达力和感染力。

（二）捕捉真实感的细节

要完善细节，首先要捕捉生活中的真实感。真实是细节的核心，只有真实的细节才能让读者感同身受。那么，如何在 AI 生成的内容中注入真实感呢？

1. 观察生活

多观察身边的事物和人，注意生活中的小细节。例如，咖啡店里杯子的纹路、街头行人的步伐、孩子们的笑声等。这些细小的元素，都是丰富内容细节的宝库。

2. 感官描写

通过视觉、听觉、嗅觉、触觉和味觉等多个感官来描述事物。例如，不仅可以描述"她在花园里散步"，还可以加入"她嗅到了盛开的玫瑰，感受到了微风拂过脸颊的凉爽"。

3. 情感融入

细节不仅是对事物的描述，更是情感的传达。描述一个场景时，加入人物的情感反应，可以让细节更具感染力。例如，"他紧握着那封信，手心的汗水顺着手背滴下，心中却满是期待"。

（三）利用比喻和拟人手法

比喻和拟人是增强细节表现力的常用修辞手法。它们可以将抽象的概念具体化，使内容更加生动形象。

1. 比喻

用熟悉的事物来比喻抽象的概念或情感。例如，"她的笑容像春天的阳光，温暖而明亮。"这样的比喻不仅形象生动，还能让读者迅速理解和感受。

2. 拟人

赋予非人事物以人的特征或情感，使描述更加生动。例如，"秋风在树梢上轻轻吟唱，叶子随着节奏翩翩起舞。"通过拟人手法，秋风和叶子的互动变得更加有趣和生动。

（四）具体化数字和数据

在文章中使用具体的数字和数据，可以增强内容的可信度和可读性。但需要注意的是，数字和数据的运用要合理，避免过于堆砌。

1．具体数字

用具体的数字来描述事物，而不是笼统的描述。例如，不说"很多人"，而说"有超过 70%的人"。

2．数据来源

引用权威的数据来源，增强内容的可信度。例如，"根据国家统计局的数据，2019 年末我国人口达到 14 亿。"

3．图表辅助

适当使用图表、表格等视觉工具，帮助读者更直观地理解数据。例如，在描述销售增长时，可以配上一张简单的折线图，清晰展示增长趋势。

（五）场景再现与故事化叙述

将事实和观点融入具体的场景和故事中，是提升内容细节的重要策略。故事化的叙述可以让内容更加生动有趣，容易引起读者的共鸣。

1．场景设定

在描述某个观点或事件时，先设定一个具体的场景。例如，在讨论环保重要性时，可以描述一个小镇的清晨，居民们在清新的空气中开始新的一天。

2．人物塑造

通过具体的人物形象，引出内容的核心。例如，在讲述创业故事时，可以详细描绘创业者的背景、动机和奋斗历程，让读者更有代入感。

3. 情节推进

通过情节的起伏和变化，保持读者的兴趣。例如，在介绍一个复杂的技术概念时，可以通过问题的提出、解决过程和最终结果来展开叙述，使内容更有层次感。

（六）细致描绘环境与氛围

环境和氛围的描绘，是增强内容细节的重要手段。通过对环境的细致描绘，可以渲染出特定的氛围，增强文章的感染力。

1. 环境描写

详细描述环境的具体情况，如颜色、形状、气味、声音等。例如，"夜晚的城市被万家灯火点亮，霓虹灯闪烁着五颜六色的光芒，街道上传来阵阵欢笑声。"

2. 氛围营造

通过描绘特定的氛围，强化内容的情感基调。例如，在描述一个紧张的会议时，可以写道，"会议室里，空气中弥漫着紧张的气息，所有人都屏息凝视着桌上的报告。"

3. 时间节点

利用时间的流逝，增强叙事的连续性和节奏感。例如，"黎明的第一缕阳光洒在窗台上，预示着新一天的开始。"

（七）细节的一致性和协调性

在完善细节时，确保内容的一致性和协调性是至关重要的。细节之间的矛盾或不协调会破坏整体内容的流畅性和可信度。

1. 前后呼应

确保前后内容的一致性和逻辑性。例如，在介绍一款产品的功能时，前文提到的优势在后文的应用中得以体现。

2. 主题统一

所有细节都应围绕主题展开，避免跑题或无关紧要的描述。例如，在讨论健康饮食时，不应加入与主题无关的细节，如旅行经历。

3. 风格一致

保持语言风格和表达方式的一致性，避免因细节描写风格不同而导致整体不统一。例如，整体文章如果采用轻松幽默的风格，细节描写也应保持同样的风格。

（八）避免常见细节误区

在细节完善过程中，容易犯一些常见的错误，了解并避免这些误区，可以提升内容的质量。

1. 过度描写

细节应适度，过多的细节会让文章显得冗长，分散读者的注意力。例如，在描述一个场景时，不必详细描绘每一个物品，只需抓住关键细节即可。

2. 过度复杂

细节描写应简洁明了，避免使用过于复杂或难懂的语言。例如，不要因为追求华丽的辞藻而牺牲了内容的清晰性。

3. 忽视读者体验

细节的设计应考虑读者的接受能力和兴趣点，避免脱离读者实际感受。例如，技术类文章中不应使用过多专业术语，导致读者难以理解。

（九）实战案例

为了更好地理解细节完善策略的应用，让我们来看一个具体的案例。

> **场景：**
>
> 假设 AI 生成了一篇关于"晨跑"的文章，内容提到了晨跑的好处，如提升体能、改善心情等，但内容显得有些平淡，缺乏生动的细节。

> **AI 生成示例：**
>
> 晨跑对身体有很多好处。它可以提升体能，帮助你保持健康。此外，晨跑还能改善心情，让你一整天都感到愉快。
>
> **润色后的内容：**
>
> 清晨，第一缕阳光刚刚洒在大地上，你换上跑鞋，踏出家门。晨跑不仅让你的心跳逐渐加速，感受到血液在体内流动的力量，还能让你呼吸新鲜的空气，感受到晨露的清凉。每一步迈出，仿佛都是在与大自然对话，呼吸中夹杂着泥土的芬芳和花草的香气。跑步的过程中，太阳慢慢升起，天空被染成橙红色，心情也随着这温暖的色彩渐渐明朗起来。晨跑结束时，那种全身充满活力的感觉，让你整天都精神焕发，充满了对新一天的期待。

通过具体的场景描写、感官体验和情感融入，润色后的内容不仅描述了晨跑的好处，还让读者仿佛身临其境，感受到了晨跑带来的愉悦和活力。这种细节的丰富提升了文章的可读性和感染力。

"细节之美，藏于文字的每一个瞬间，让平凡的叙述因细腻而生辉。"

07

跨界实战：人性化写作全场景突破

不同文体的优化

新闻资讯类

还记得那些熬夜赶稿的日子吗?作为一名文字工作者,我深知新闻写作的压力。但现在,AI写作正在改变这一切。让我们一起来看看如何让AI生成的新闻更有温度、更具专业性。

首先,新闻写作最重要的是"时效性"和"准确性"。AI能在几秒钟内整合海量信息,但往往缺乏人文关怀。例如报道一场火灾,AI会说"造成3人死亡",而人类记者会写"3个家庭失去了至亲"。看出区别了吗?同样的事实,不同的表达方式,情感温度完全不同。

让我分享一个真实案例。某省级新闻网站在使用AI辅助写作时,遵循了以下优化步骤。

1. 标题优化

-AI生成的标题:《某地发生交通事故致2死3伤》。

-人工优化:《雨夜车祸牵动全城:他们用生命守护了更多人》。

2. 导语重塑

-AI 生成的导语：昨日 23 时许，某路段发生交通事故。

-人工优化：深夜的急诊室外，老张握着妻子的手，泪水打湿了口罩。就在两小时前，一场意外改变了这个普通家庭的命运。

3. 内容结构调整

-增加现场描写；

-添加亲历者讲述；

-补充专家观点；

-加入社会关注度；

-突出事件影响。

实践技巧

1. "5W1H"原则必不可少

要让 AI 生成的新闻更专业，必须确保 Who（谁）、What（什么）、When（何时）、Where（何地）、Why（为何）和 How（如何）这六要素齐全。

2. 情感层次的递进

事实陈述→人物刻画→情感共鸣→社会思考，层层递进，让新闻更有深度。

3. 细节描写的"画龙点睛"

例如，描述一场救援，AI 版本和人工优化版本如下。

-AI 版本：消防员迅速展开救援。

-人工优化版本：年轻消防员小王顾不上擦拭满脸的汗水，深入火场时，还能听见他对被困者喊着"别怕，我来了！"

4. 平衡客观性与人文关怀

新闻要真实客观，但不是冷冰冰的数据堆砌。在保持专业性的同时，也要让读者感受到故事背后的温度。

常见误区提醒：

-避免过度煽情；

-警惕虚假信息；

-注意用词准确性；

-把握报道尺度。

效果验证

某媒体采用优化后的 AI 辅助写作，阅读量提升了 143%，评论互动量增加了 89%，这说明读者更容易被优化后的内容打动。

记住，AI 是助手而非替代者。它能提供框架和基础，但真正打动人心的内容还需要我们用心去雕琢。就像厨师使用现代化厨具提升效率，但最终的美味还是来自厨师的经验和创意。

新闻写作的未来描绘了一幅人机和谐共生的美好图景。AI 将我们从冗杂的基础任务中解脱出来，使我们得以将更多精力投入到提升内容质量和深度上。

"科技让新闻传播更快，而人性让新闻触动人心；AI 给我们工具，而情感赋予故事灵魂。"

产品文案类

在 AI 写作时代，产品文案创作正经历着前所未有的变革。让我们一起来看看，如何让 AI 生成的产品文案既保持专业性，又充满人情味。

（一）产品文案的痛点与挑战

说实话，很多人都觉得 AI 写的产品文案"味同嚼蜡"。就像一个机器人在念台词，虽然逻辑通顺，但总觉得少了点儿什么。这个少了的东西，就是"人味儿"！

AI 生成产品文案的常见问题包括：

-堆砌功能特点，缺乏情感共鸣；

-语言生硬刻板，缺少生活气息；

-卖点不够突出，重点不够明确；

-缺乏创意亮点，同质化严重。

（二）优化策略与实操技巧

1. 注入场景感

不要光说产品"是什么"，要说它"能带来什么"。例如卖一款护手霜，与其说"含有维生素E"，不如说"让你的双手在寒冬依然如丝绸般柔滑"。

2. 突出痛点解决

把产品功能转化为用户利益。就像对于卖伞的商贩来说，最好的营销词应该是："我们卖的不是伞，而是一份遮风挡雨的安全感。"AI在生成文案时要学会用"你"来称呼读者，拉近距离。

3. 情感价值植入

每个产品都应该有自己的情感主张。例如，

-奢侈品：彰显品位与身份。

-母婴用品：传递关爱与呵护。

-数码产品：展现潮流与科技感。

4. 差异化表达

在AI生成的文案基础上，加入独特的行业洞察和创意表达。例如，

> **AI生成的原文：**
> 这款手机续航能力强。
>
> **人工优化后：**
> 让你告别"续航焦虑症"，尽情玩转一整个周末。

（三）实战案例

以下是一个真实的 AI 文案优化案例：

> **原始 AI 文案：**
> 这款智能手表配备高清显示屏，支持心率监测，防水性能出色，续航时间长。

> **人工优化后：**
> 戴上它，让科技守护你的每一次心跳。高清大屏让信息一目了然，7 天续航让你专注生活，50 米防水让你畅游无忧。它不只是一块表，更是你的健康管家。

（四）注意事项与建议

1. 重点的差异化

-找准产品的独特卖点；

-避免空洞的赞美词；

-用数据说话，但不要太死板。

2. 情感共鸣

-描述使用场景；

-联系生活实际；

-突出解决方案。

3. 语言风格

-保持口语化表达；

-适当使用修辞手法；

-控制文案节奏。

（五）效果评估

好的产品文案应该能够：

- 让用户在 3 秒内抓住重点；
- 产生强烈的购买欲望；
- 记住产品的核心卖点；
- 产生情感共鸣。

记住，AI 只是我们的助手，最终的创意和洞察还需要人来把控。优秀的产品文案，是 AI 算力与人类创意的完美结合。

"科技为文案创作提供有力支持，然而真正打动灵魂的，依旧是那些充满人性温度的文字。恰似一幅画卷，技术是细腻的画笔，创意是绚丽的色彩，唯有二者相互交融，才能绘就一幅令人心驰神往的文学画卷。"

故事创作类

上文介绍了新闻资讯和产品文案的优化方法，现在终于到了激动人心的故事创作环节！想象一下，一个能写故事的 AI，是不是有点像科幻小说里的情节？其实，这已经不是科幻了，而是正在发生的现实。说实话，在所有 AI 写作类型中，故事创作可能是最具挑战性的一个，因为它不仅需要逻辑，更需要感情的温度。

（一）故事创作的特殊性

一个好故事就像是一道美味的菜肴，需要多种调料的完美配比。AI 在创作故事时往往会遇到这样几个典型问题：

- 情节发展过于机械化；
- 人物性格缺乏立体感；
- 细节描写不够生动；

-情感表达较为生硬。

但别担心,这些问题都是可以解决的!

(二)优化技巧大揭秘

1. 情节架构的重塑

首先,我们要给 AI 一个清晰的故事框架。就像搭积木一样,先把主要情节点标注出来:

-开篇设置悬念;

-矛盾冲突升级;

-高潮转折点;

-结局收尾。

小贴士:可以让 AI 先生成故事大纲,然后我们手动调整故事节奏。

2. 人物形象的立体化

记住,好的角色要有血有肉!我们可以这样做:

-为每个角色设定详细的背景故事;

-赋予角色独特的性格特征;

-设计专属的语言风格;

-添加细微的习惯动作。

3. 场景细节的丰富

想让故事更有代入感,细节是关键,我们可以这样做:

-加入五感描写;

-增添环境氛围;

-融入生活化的小细节;

-适当使用比喻和修辞。

(三)实战案例

让我们看一个具体的案例。假设我们要写一个关于"追梦"的故事。

> **AI 初稿：**
>
> 小明想成为一名画家，他每天努力画画。最后他实现了梦想。
>
> **人工优化后：**
>
> 夜深人静，小明的台灯依旧亮着。画笔在纸上轻轻滑动，留下一道道充满生命力的线条。墙上贴满了他这些年的习作，有青涩的，有进步的，还有被泪水打湿的……

（四）注意事项

1. 情感把控

-避免情绪过于夸张；

-保持情感的连贯性；

-适度留白，给读者想象空间。

2. 叙事节奏

-合理安排故事节奏；

-注意场景切换的自然过渡；

-把握悬念的释放时机。

3. 人文关怀

-植入温暖的情感基调；

-体现普世价值观；

-注重故事的现实意义。

（五）常见误区提醒

1. 过度依赖 AI

记住，AI 是助手，不是主创。最终的创意决策权在你手中。

2. 忽视人物动机

每个行为背后都要有合理的动机支撑。

3. 情节落入俗套

适当打破常规，让故事更有新意。

（六）实战案例

让我们来看一个实战案例，深入了解 AI 在故事创作中的应用。一位名叫李华的作家，正在创作一部关于未来世界的科幻小说。然而，他在构思故事情节时遇到了瓶颈，不知道如何让故事更加引人入胜。于是，他决定尝试使用 AI 工具辅助创作。

首先，李华输入了故事的基本设定："在一个高度科技化的未来城市，主角是一名失忆的工程师，试图找回自己的记忆。"AI 迅速生成了多个情节发展方向，如主角在追寻记忆的过程中发现了政府的阴谋，或者在探索记忆的过程中结识了各类有趣的人物。李华选择了一个他最感兴趣的方向，进一步展开。

接下来，李华使用 AI 来塑造人物性格。通过输入主角的基本信息，AI 建议了一系列性格特质和背景故事，使主角更加立体和真实。同时，AI 还根据主角的性格特点，生成了与其他角色的互动对话，增强了故事的情感深度。

在场景描写方面，李华希望描绘一个充满未来感的城市。AI 提供了详细的描述，包括高耸入云的摩天大楼、霓虹闪烁的街道、自动驾驶的车辆以及智能化的公共设施。这些细节使读者能够清晰地感受到未来城市的氛围，增强了故事的代入感。

最后，AI 帮助李华优化了故事结构，确保情节的发展紧凑有序，节奏控制得当。通过 AI 的辅助，李华不仅突破了创作瓶颈，还提升了故事的整体质量，最终完成了一部引人入胜的科幻小说。

记住，优秀的故事创作是 AI 算力与人类创意的完美结合。在这个过程中，我们既要善用 AI 的高效与逻辑，又要注入人类独特的情感与想象。

"AI 可以编织故事的经纬，唯有人类的心灵才能赋予其深刻而温暖的灵魂。"

公文写作类

说起公文写作,很多人的第一反应可能是:严肃、刻板、公式化。没错,这正是传统公文给人的印象。但在 AI 时代,公文写作也迎来了新的转机。让我们一起来看看,如何让 AI 在保持公文严谨性的同时,写出更富有温度的内容。

(一) AI 公文写作的特点与挑战

想象一下,你让 AI 写一份请示报告。它可能会像一位尽职的公务员,准确地套用格式模板,使用规范的公文用语。但细心的你可能会发现,内容缺少了一些人情味,或者说缺少了"烟火气"。

这就像是让一位刚入职的新人写公文,虽然把格式和用语都背得滚瓜烂熟,但总觉得少了点什么。这个"什么",就是对具体工作场景的理解和人文关怀。

(二) 优化要点

1. 格式规范性把控

首先要教会 AI 正确使用公文格式。就像教孩子写字要先学会基本笔画一样,AI 需要掌握公文的基本框架。包括:

-标题的规范写法;
-正文的段落布局;
-称谓的使用规则;
-落款的标准格式。

2. 语言表达的调整

虽然公文要求用语规范,但也不能生搬硬套。我们可以这样做:

-适当增加过渡语;
-添加必要的解释说明;
-根据具体情况调整语气;

-注意表达的礼貌性。

3. 内容的人性化处理

这是最关键的部分,要让公文既保持庄重,又不失温度。我们可以:

-增加背景说明,让读者更容易理解;

-补充实际案例,增强说服力;

-注意措辞的温和性;

-适当体现人文关怀。

(三) 实操技巧

1. 前期准备

就像烹饪前要备齐食材,写公文前也要做好准备,包括:

-明确文件类型(请示、报告、通知等);

-确定内容要点;

-收集相关背景资料;

-了解接收方的特点。

2. 写作过程

-AI 生成初稿;

-检查格式规范性;

-调整语言表达;

-增加必要的解释说明;

-润色修改。

3. 审核完善

-检查逻辑性;

-确保用语规范;

-核实数据准确性;

-评估整体效果。

（四）常见问题及解决方法

1. 格式不规范

解决方法：建立标准模板库，让 AI 学习参考。

2. 语言生硬

解决方法：增加过渡语，调整表达方式。

3. 缺乏人情味

解决方法：适当加入背景说明和案例分析。

4. 逻辑不清晰

解决方法：采用层次分明的结构，突出重点。

（五）注意事项

-严守保密原则；

-确保数据准确；

-注意文风庄重；

-把握分寸适度。

（六）效果评估

好的公文应该做到：

-格式规范；

-表达准确；

-逻辑清晰；

-易于理解；

-语气恰当。

通过以上优化，AI 生成的公文将不再是冰冷的文字堆砌，而是既规范又富有温度的沟通桥梁。

"优秀的公文写作，不仅是规范与格式的完美呈现，更是传递温度与人文关怀的艺术。"

行业应用案例

自媒体领域

在这个人人都是自媒体的时代，AI 写作正在悄悄改变着内容创作的游戏规则。就像给创作者配备了许多不知疲倦的"智能助手"，让创作过程变得更加高效有趣。让我们一起来看看 AI 写作在自媒体领域的精彩应用案例。

（一）短视频文案的智能创作

还记得那些刷爆抖音的爆款文案吗？现在，越来越多的创作者开始借助 AI 工具来打造吸睛标题和脚本。例如，某美食博主小林就用 AI 帮忙生成了一系列"解锁隐藏美食"的创意文案，不仅节省了大量构思时间，而且让内容更有趣味性。

关键技巧：

-打造明确的人设和语气风格；

-加入流行梗和热点元素；

-保持文案节奏感和韵律感。

（二）公众号内容的批量生产

记得有位时尚博主小美，她的经历特别有意思。她原本每周要绞尽脑汁写 3 篇文章，自从用上 AI 工具后，创作效率提升了 300%。但她强调，AI 工具只是帮她打好文章框架，真正的价值在于她对内容的二次加工和个性化处理。

实用要点：

-用 AI 生成内容大纲和素材；

-注入个人经验和观点；

-调整语言风格，增加互动性。

（三）知识付费内容的升级

在知识付费领域，AI 写作正在帮助创作者构建更系统的知识体系。某职场大 V 王老师就在 AI 工具的协助下整理了一套"职场晋升秘籍"，不仅内容更全面，而且逻辑更清晰。

成功要素：

-深度整合专业知识；

-设计互动练习和案例；

-优化表达方式，增强可读性。

（四）社群运营的内容支持

社群运营也是自媒体的重要阵地。一位母婴类博主小张分享说，AI 工具帮她解决了日常社群互动内容的创作难题，让她能更专注于与粉丝的真实互动。

实操建议：

-建立互动话题库；

-设计趣味性任务；

-保持内容的温度和真诚度。

（五）避坑指南

当然，AI 写作也不是万能的。要警惕以下几个常见问题：

-过度依赖 AI，忽视原创价值；

-内容千篇一律，缺乏个性；

-忽视受众需求和情感共鸣。

（六）优化建议

想要用好 AI 写作，建议：

-建立个人内容库，积累素材；

-培养独特的创作风格；

-重视与读者的互动反馈；

-持续学习和更新知识。

（七）实战案例

案例一：

小红是一位时尚美妆博主，她想在小红书上发布一篇关于适合秋季的口红品类推荐的笔记。她使用 AI 写作工具，输入了"秋季""口红""推荐""滋润""显白"等关键词。AI 很快生成了一篇笔记初稿，包含了 5 款不同品牌的口红推荐，并对每款口红的颜色、质地、适用肤色等进行了描述。

小红在 AI 生成的初稿基础上，添加了自己试用这些口红的真实感受，并配上了自己拍摄的精美图片和视频。她还根据粉丝的喜好，调整了笔记的语气和风格，使之更加亲切自然。最终，这篇笔记获得了很高的阅读量和点赞数，成功为小红吸引了更多粉丝。

案例二：

小明是一位旅行博主，他最近去了趟云南丽江，想在公众号上发布一篇游记。他将旅途中拍摄的照片和视频上传到 AI 工具中，AI 工具自动识别出照片中的景点，并生成了游记框架和部分描述性文字。

小明在 AI 生成的基础上，添加了自己对丽江的感受和体验，以及一些旅行小贴士。他还根据读者的反馈，对文章进行了修改和完善。最终，这篇图文并茂、内容丰富的游记获得了大量转发和评论，让更多人了解了丽江的魅力。

看到这里，你是否已经对 AI 在自媒体领域的应用有了更清晰的认识呢？记住，AI 是你的助手，而不是你的替代品。善于利用 AI，才能让你在自媒体的舞台上更加游刃有余，绽放出更耀眼的光芒！

"AI 是创作的助推器，而人性是内容的灵魂；让科技助力创作，用真心打动人心。"

商业写作领域

说实话，现在的商业写作可不比从前，各种营销文案、商业策划、项目报告都在考验着我们的智慧。但是别担心，有了 AI 这个"神助手"，我们的工作效率绝对能迈上一个新台阶！

（一）AI 在商业写作中的应用场景

1. 营销文案创作

还记得那些为写营销文案而熬夜的日子吗？现在，AI 可以帮我们搞定初稿。例如，你要写一款新上市的运动鞋的营销文案，只需要输入"轻便""透气""时尚"等关键词，AI 就能给出多个版本的文案。当然，这只是基础，我们还需要在 AI 生成的内容上注入品牌调性和情感共鸣。

> ✍ 实操示例
>
> AI 初稿：
>
> 这是一双舒适的运动鞋，采用透气材质。
>
> 人工优化后：
>
> 穿上它，仿佛踩着云朵漫步，每一步都轻吟着舒适的诗篇，令人沉醉不已。

2. 商业计划书

还在为写商业计划书发愁吗？AI 能帮你梳理框架、填充内容。不过要注意，AI 生成的内容往往缺乏个性化的商业洞察，因此我们需要加入自己的行业经验和独特见解。

实用小贴士：让 AI 先生成框架和基础数据分析，然后由你来补充核心竞争力分析和市场策略，这样既能保证专业性，又能提高效率。

3. 客户沟通文案

在处理客户邮件、报价单等日常沟通文档时，AI 能帮我们快速生成专业且得体的回复。但记住，要根据不同客户的特点调整语气和措辞，让文案更有温度。

> **实操示例**
>
> **AI 初稿：**
> 感谢您的咨询，我们的产品具有优势。
>
> **人工优化后：**
> 非常感谢您对我们产品的关注！针对您提到的需求，我想分享一些可能对您有帮助的解决方案……

4. 产品说明书

AI 可以帮我们快速生成标准化的产品说明书，但别忘了加入用户思维。把专业术语转化为"大白话"，用类比和举例来解释复杂功能。

（二）实战技巧

-善用 AI 的多版本生成功能，挑选最适合的表达方式；

-注意保持品牌语气的一致性；

-加入实际案例和数据支持；

-适当使用行业热词，提高文案说服力。

（三）避坑指南

-不要完全依赖 AI 生成的内容，要加入个人洞察；

-注意检查数据准确性；

-保持文案的人情味和温度；

-避免过于机械化的表达。

（四）实战案例

让我们来看一个案例。某电商企业希望在双十一期间提升销量，他们决定利用 AI 写作工具来优化其营销文案。首先，AI 分析了过去几年的销售数据和消费者反馈，确定了最受欢迎的产品和促销策略。接着，AI 生成了一系列针对不同产品的广告文案，并根据不同的受众群体进行了个性化调整。通过 A/B 测试，企业最终选定了表现最好的文案进行推广。结果显示，该次活动的转化率较去年同期提升了 30%，销售额也创下了新高。

另一个例子是一家 B2B 软件公司，他们需要撰写详细的产品白皮书来吸引潜在客户。传统方法需要团队成员花费大量时间进行市场调研、内容撰写和多次修改。而利用 AI 写作工具，他们只需输入基本的产品信息和目标受众，AI 便能生成结构清晰、内容翔实的白皮书草稿。经过人工审核和少量修改，最终的白皮书质量高、发布时间也大大缩短，帮助公司在短时间内吸引了更多的潜在客户。

当然，使用 AI 进行商业写作也需要注意一些问题。首先，要确保 AI 生成的内容符合商业规范和道德标准。其次，要避免过度依赖 AI，保持独立思考和判断的能力。最后，要不断学习和掌握新的 AI 写作技巧，才能在激烈的竞争中立于不败之地。

商业写作是一个充满挑战和机遇的领域。AI 的出现，为我们提供了新的工具和方法，也带来新的挑战。只有不断学习和探索，才能在 AI 时代成为一名优秀的商业写作者。

"AI 不是取代你，而是赋能你，让你在商业写作的舞台上绽放更耀眼的光芒！"

教育培训领域

在教育培训这个既传统又充满创新可能的领域，AI 写作正在悄悄改变着教与学的方式。让我们一起来看看，AI 写作是如何在教育培训中大显身手的。

1. 个性化学习材料生成

还记得那些"一本教材打天下"的日子吗？现在，借助 AI 写作，我们可以为不同层次的学生量身定制学习材料。就像一位贴心的私教，AI 可以根据学生的知识水平、学习特点和兴趣爱好，生成最适合他们的学习内容。

例如，小明是个对历史特别感兴趣的初中生，AI 可以将枯燥的历史知识点融入他喜欢的故事情节中，让学习变得生动有趣。这就好比为每个学生配备了一位懂他们的专属老师。

2. 作业批改与反馈

记得老师批改作文时写的那些"好""不错"的笼统评语吗？有了 AI 写作助手，教师可以快速生成详细的个性化评语。它不仅能指出语法错误，还能给出具体的修改建议，甚至分析作文的结构和逻辑性。

例如，当学生提交一篇作文后，AI 可以从遣词造句、故事结构、情感表达等多个维度给出建议。

3. 教案设计与课程开发

对于老师们来说，备课常常是一件费时费力的事情。如今，AI 写作可以帮助教师快速生成教案框架，提供教学活动建议，甚至设计互动环节。这就像有了一个经验丰富的教学助手，让备课效率大大提升。

4. 考试题库生成

传统的出题方式往往依赖教师的经验和时间投入。而 AI 写作系统可以根据知识点快速生成各种类型的试题，并自动调整难度级别，就像拥有了一位永不疲倦的出题专家。

5. 语言学习辅助

在语言教学领域，AI写作的应用尤为出色。它可以实现：

-生成地道的对话练习材料；

-提供实时语法纠错；

-根据学习者水平调整词汇难度；

-模拟各种场景的口语练习。

6. 实际应用案例

某在线教育平台引入AI写作系统后，取得了以下成效：

-课程内容制作效率提升300%；

-学生满意度提升40%；

-教师备课时间减少50%；

-学习资料的个性化程度提升80%。

7. 注意事项

虽然AI写作在教育领域潜力巨大，但我们也需要注意以下几点：

-保持人文关怀，不能完全依赖AI；

-注重师生互动的真实性；

-确保内容的准确性和适用性；

-培养学生的独立思考能力。

8. 未来展望

随着技术的发展，AI写作在教育培训领域将发挥更大作用：

-实现更精准的学情分析；

-提供更智能的学习建议；

-创造更沉浸式的学习体验；

-打造更个性化的教育模式。

9. 实施建议

对于想要应用AI写作的教育机构，建议：

-循序渐进，从小范围试点开始；

-重视教师培训；

-建立完善的评估机制；

-保持技术与教育理念的平衡。

AI 写作在教育培训领域的应用，不是要取代教师，而是要让教育者能够投入更多精力到真正需要人文关怀的教育环节中去。就像一位智慧的助手，它让教育变得更有温度，也更有效率。

"教育的本质是点燃火把，而不是填满水桶。AI 写作正是那个帮助教育者点燃更多火把的得力助手。"

行政办公领域

在现代社会，行政办公部门是任何组织运转的核心枢纽。从日常文件处理到复杂项目管理，行政人员肩负着确保组织高效运作的重要职责。随着 AI 技术的迅猛发展，行政办公领域也迎来了前所未有的变革。AI 不仅提升了工作效率，还重新定义了行政人员的角色，使他们能够从烦琐的任务中解放出来，专注于更具战略性的工作。下面，让我们一起来看看，如何让 AI 成为办公室里的"得力助手"。

（一）日常办公文件的智能处理

还在为写会议纪要发愁吗？现在，你只需要录下会议音频，AI 就能自动转换成文字，并生成规范的会议纪要。不仅如此，它还能抓住会议重点，梳理出清晰的议题脉络。例如，在一次部门周会中，AI 能够在 15 分钟内将 90 分钟的会议内容整理成一份条理分明的纪要。

撰写工作报告也变得轻松起来。只要输入关键数据和重点事项，AI 就能快速生成一份结构完整、逻辑清晰的报告，仿佛拥有了一位专业的私人秘书，帮你将零散的工作内容组织成高质量的文档。

（二）公文写作的规范化提升

在行政机关工作的小伙伴们都知道，公文写作最讲究规范性。AI 在这方面表现出色，它能够：

- 自动套用标准公文格式；
- 确保用语规范得体；
- 维持文风的庄重性；
- 检查错别字和语法问题。

例如，一份普通的请示报告，AI 能在保持行政文风的同时，让内容更加简洁明了，避免了传统公文中常见的冗长段落和官话套话。

（三）文档管理的智能化

AI 还能帮助我们更好地管理办公文档，包括：

- 智能分类：自动识别文档类型，分门别类存放。
- 快速检索：通过关键词精准定位所需文件。
- 版本控制：追踪文档修改历史，方便协作。
- 智能推荐：根据工作内容推荐相关参考文档。

（四）实际应用案例

某政府部门在引入 AI 办公系统后，文档处理效率提升了 60%。一位行政专员表示："以前整理一周的会议纪要要花一整天，现在只需两小时就搞定了，而且质量更高。"

（五）注意事项与建议

1. 人工审核必不可少

虽然 AI 已经非常智能了，但最终的内容还需要人工审核，特别是涉及重要决策的文件。

2. 循序渐进

建议先从简单的文档处理开始,逐步扩展到更复杂的应用场景。

3. 持续优化

收集使用反馈,不断调整 AI 模型,使其更符合单位具体需求。

AI 写作工具正在成为现代办公室的标配,但它的价值不在于取代人工,而在于让我们能够将更多精力投入到真正需要创造力的工作中。正如一位资深行政主管所说:"AI 是助手,不是替身;是工具,不是依赖。"

"科技让办公更高效,但永远不要忘记,最优秀的行政工作者,是懂得把 AI 当作画笔,而不是画家的人。"

优化效果对比

案例前后对比

在探讨对 AI 生成内容的优化效果时，具体的案例对比无疑是最直观、最具说服力的证据。通过真实的前后对比，我们不仅能见证 AI 在内容创作领域展现出的非凡实力，更能深刻洞察到将 AI 进一步人性化、赋予其更多"人情味"的巨大潜力。接下来，让我们通过几个生动的实际案例，看看 AI 生成内容优化前后的惊人变化。就像化妆前后的对比照一样，这些案例将直观展示出优化的神奇效果。

案例一：电商产品（一款智能手表产品）文案的优化

优化前：
这款智能手表具有心率监测、步数统计、睡眠分析等功能。采用高清屏幕，电池续航时间长，支持蓝牙连接。适合日常佩戴。

优化后：
体验科技与时尚的完美结合，这款智能手表不仅拥有精准的心率监测、全天候步数统计和深度睡眠分析，还配备了超清屏幕，无论是强光下还是暗处，屏幕内容始终清晰可读。长效电池，支持快速充电，让你无忧使用一整天。无论是运动健身还是商务会议，这款手表都是你最佳的贴身助手。立即佩戴，开启智能生活新篇章！

对比分析：

优化后的文案不仅详细描述了产品功能，还通过"体验科技与时尚的完美结合"等词句，增强了情感共鸣。同时，增加了"超清屏幕""快速充电"等具体卖点，使产品优势更加突出。整体语言更生动、更具吸引力，能够有效提升消费者的购买欲望。

案例二：教育培训课程（编程入门）文案的优化

优化前：

本课程适合初学者，涵盖 Python 基础、数据类型、控制结构、函数等内容。通过视频讲解和实战项目，帮助学员掌握编程技能。

优化后：

想踏入编程世界，却不知道从何开始？我们的 Python 入门课程为你量身定制，从零基础开始，逐步深入。你将学习 Python 的基础语法、数据类型、控制结构以及函数的实战应用。通过生动的视频讲解和真实项目的动手练习，你不仅能掌握编程技能，还能培养解决问题的思维。无论你是为了职业转型，还是出于个人兴趣，这门课程都是你迈向成功的第一步。立即加入，让代码为你开启无限可能！

对比分析：

优化后的课程介绍更具吸引力，开篇用"想踏入编程世界，却不知道从何开始？"直接与读者产生共鸣，激发学习兴趣。在详细描述学习内容的同时，强调"生动的视频讲解"和"真实项目的动手练习"，突出了课程的实用性和互动性。结尾的"代码为你开启无限可能"则赋予课程更深远的意义，激励学员积极参与。

案例三：健康生活博客文章（关于健康饮食）的优化

优化前：

健康饮食对身体健康非常重要。建议多吃蔬菜水果，少吃油腻食物。保持均衡饮食，有助于预防疾病。

优化后：

想拥有充沛的精力和健康的体魄？健康饮食是关键。多彩的蔬菜水果不仅丰富你的餐桌，更为身体提供必需的维生素和矿物质；减少油腻食物的摄入，有助于保持心脏健康和理想体重。通过均衡饮食，你不仅能预防多种慢性疾病，还能提升整体生活质量。让我们一起，从今天开始，用美味与营养打造健康生活！

对比分析：

优化后的语言更加生动，使用了"多彩的蔬菜水果""充沛的精力和健康的体魄"等富有画面感的词汇，增强了读者的代入感。同时，具体解释了健康饮食的好处，如"保持心脏健康"和"提升整体生活质量"，使内容更具说服力和实用性。结尾的号召性语句"让我们一起，从今天开始"，有效激发读者的行动意愿。

案例四：企业内部培训材料的优化

优化前：

团队合作是公司发展的重要因素。通过有效的沟通和协作，可以提高工作效率，达成共同目标。

优化后：

在我们公司，团队合作不仅是口号，更是推动发展的动力源泉。通过开放而高效的沟通，每个成员的创意和努力得以充分展现；紧密的协作让我们的工作流程更加流畅，效率显著提升。共同的目标激励着每一个人齐心协力，携手迈向成功。让我们一起，打造一个充满活力与创新的团队，共同谱写公司的辉煌篇章！

对比分析：

优化后的内容更具感染力，强调团队合作的重要性和实际效果。通过使用"动力源泉""创意和努力得以充分展现""携手迈向成功"等积极向上的词汇，激发员工的归属感和使命感。同时，结尾的"打造一个充满活力与创新的团队，共同谱写公司的辉煌篇章"不仅明确了目标，还传递了积极向上的企业文化，增强了员工的参与感和认同感。

案例五：旅游攻略的优化

优化前：

丽江古城位于云南省丽江市，是世界文化遗产。古城内街道错综复杂，房屋建筑古色古香。游客可以参观木府、万古楼等景点。（是不是感觉像个机器人导游？）

优化后：

想象一下，踏着青石板路，漫步在丽江古城，阳光透过古老的木窗洒下来，温暖而惬意。耳边传来纳西古乐的悠扬旋律，仿佛穿越时空，回到了数百年前的茶马古道。别忘了去木府感受一下土司文化的辉煌，登上万古楼俯瞰整个古城的美景，你一定会被这座充满魅力的古城深深吸引！（是不是感觉身临其境了？）

对比分析：

优化前的版本就像一份简单的说明书，只陈述了基本事实，缺乏吸引力。优化后，我们加入了感官描写（阳光、音乐）、历史文化背景（茶马古道、土司文化）、以及读者的情感体验（惬意、魅力），让文字活了起来，更能激发读者去丽江旅游的欲望。

案例六：小说开头的优化

优化前：
在一个风雨交加的夜晚，他离开了家。（是不是感觉有点老套？）

优化后：
狂风怒吼，暴雨如注，闪电撕裂夜空，照亮了他决绝的背影。那一夜，他离开了家，也离开了过去的一切。（是不是感觉更有画面感了？）

对比分析：
优化前的开头过于平淡，缺乏吸引力。优化后，我们加入了环境描写（狂风、暴雨、闪电）以及人物的动作和心理描写（决绝的背影、离开过去的一切），营造了悬念，更能抓住读者的眼球。

案例七：邮件回复的优化

优化前：
收到，已处理。（是不是感觉很冷冰冰？）

优化后：
您好！邮件已收到，我们正在处理，预计 XX 时间完成，如有其他问题，请随时联系我们。感谢您的理解与支持！（是不是感觉温暖多了？）

对比分析：
优化前的回复过于简短，缺乏人情味。优化后，我们加入了问候语、处理进度以及感谢语，让回复更显亲切和专业。

案例八：公文写作的优化

优化前：
现就 XX 事项作如下通知……请各部门按要求做好相关工作。

优化后：
为了让我们的办公环境更加温馨舒适，现就办公室绿化美化工作作如下安排:每个部门将获得3盆精心挑选的绿植,它们不仅能净化空气,更能为我们的工作增添一抹生机。让我们共同营造一个充满活力的工作空间!

对比分析:

通过增加具体说明和温情表达,让公文更容易被接受和执行。

案例九:新闻报道的优化

优化前:

近日,某市举办了大型环保活动,吸引了众多市民参与,活动取得圆满成功。

优化后:

周日清晨,上万名市民以"跑"的方式表达对地球的爱!在这场别开生面的"跑出低碳"活动中,从白发苍苍的老者到蹒跚学步的孩童,用脚步丈量着城市,用行动诠释着环保。"看到这么多人关心环境,我特别感动。"72岁的张爷爷擦着额头的汗水说道。

对比分析:

通过加入具体细节、现场描写和人物对话,新闻报道变得鲜活生动。

上述优化案例都遵循了一个共同原则:将冰冷的文字转化为有温度的表达。总结来看,主要的优化方向包括:

- 增加场景感和画面感;
- 注入情感和共鸣点;
- 加入具体细节和例证;
- 使用生动的比喻;
- 采用对话式表达;
- 突出实用价值。

通过这些优化,AI生成的内容不再是简单的信息堆砌,而是充满人情味的有效沟通。这些改变不仅提升了内容的可读性，更重要的是拉近了与读者的距离，让内容真正触动人心。

"AI 优化内容，不只是提升文字的光彩，更是点燃读者心中共鸣的火花。"

读者反馈分析

在内容创作的旅程中，读者反馈就像是导航系统，指引着我们前进的方向。没有它，我们可能会在茫茫信息海洋中迷失，无法找到真正吸引读者的宝藏。那么，如何有效地收集、分析并运用读者的反馈呢？让我们一探究竟。

1. 读者反馈的重要性

想象一下，你开了一家餐馆，精心准备了菜单上的每一道菜，但却从未问过顾客的口味偏好。结果，可能有的菜大受欢迎，有的却无人问津。内容创作也是如此。读者的反馈会告诉你，哪些内容是受欢迎的，哪些部分是需要改进的。

通过读者反馈，创作者可以：

-了解读者需求：知道读者真正关心什么，想要什么样的内容。

-优化内容质量：发现内容中的不足之处，及时调整。

-提升读者满意度：让读者感受到他们的意见被重视，从而增加忠诚度。

2. 多渠道收集反馈

别害羞，要主动出击！我们可以通过多种渠道收集读者的反馈，例如，

-评论区：这是最直接的反馈渠道，各种声音都有。要认真对待每一条评论，无论是赞美还是批评，都是宝贵的财富。

-问卷调查：设计一些简短、有趣的小问卷，引导读者说出他们的真实想法。就像餐厅的意见簿一样，能帮助我们了解哪些内容受欢迎，哪些需要改进。

-社交媒体：关注相关话题的讨论，看看大家都在聊些什么，了解读者的兴趣点和关注点。

-私信互动：与读者进行一对一的交流，深入了解他们的需求和痛点。这就像跟老朋友聊天一样，能建立更深厚的联系。

3. 分析反馈的类型

收集到反馈后，我们需要对其进行分类和分析，就像厨师要根据客人的口味调整菜谱一样。一般来说，读者反馈可以分为以下几类：

-正面反馈：这是对我们工作的肯定，激励我们继续努力。

-负面反馈：虽然听起来可能不太舒服，但负面反馈往往更有价值，因为它能指出我们的不足之处，能帮助我们改进。

-建议性反馈：读者可能会提出一些改进建议，就像就餐的客人向厨师建议添加某种调料一样，能帮助我们提升内容的质量。

-中性反馈：这类反馈可能没有明确的褒贬，但也能提供一些参考信息。

4. 量化分析数据

除了定性分析，我们还可以对反馈数据进行量化分析。例如，统计正面反馈、负面反馈和建议性反馈的比例，分析文章的阅读量、点赞数、分享数等指标。这些数据就像餐厅的营业额一样，能直观地反映出我们的内容表现。

5. 运用读者反馈优化内容

有了清晰的反馈分析，下一步就是将这些信息转化为实际的改进措施。以下是几种常见的优化策略：

-内容调整。根据读者的反馈，调整内容的主题、深度和形式。例如，读者反映某个话题过于专业，可以适当降低难度，增加通俗易懂的解释。

-风格优化。读者对写作风格的反馈同样重要。有人喜欢幽默风趣的表达，有人则偏爱简洁明了的叙述。根据反馈调整写作风格，可以更好地迎合读者的偏好。

-增加互动。通过增加与读者的互动，如举办线上讨论、读者见面会等，可以进一步增强读者的参与感和忠诚度。同时，这也是持续获取反馈的有效途径。

-个性化推荐。利用读者的反馈数据，进行内容的个性化推荐。例如，针对喜欢某类主题的读者，推荐更多相关内容，提升阅读体验和满意度。

6. 实战案例

让我们通过一个案例，看看如何通过读者反馈分析，实现内容的质的飞跃。

案例背景：某知名科技博客发布了一系列关于人工智能的深度文章，初期反响不错，但随着时间推移，读者的参与度逐渐下降，评论区的互动也明显减少。

反馈收集：通过问卷调查和评论分析，发现读者普遍反映文章内容过于专业，缺乏实际应用案例，难以理解。

反馈分析：定性分析显示，读者希望内容更贴近实际生活，能够看到 AI 在日常中的具体应用；定量分析则显示，关于应用案例的文章点击量和阅读时长显著高于其他类型。

优化措施：

-调整内容结构：增加更多实际应用案例，结合读者的生活场景，讲解 AI 技术的具体应用。

-简化技术语言：用通俗易懂的语言解释复杂的技术概念，避免过于专业的术语。

-增强互动性：在文章末尾设置讨论话题，鼓励读者分享自己的见解和体验。

结果：经过调整后，博客的读者参与度显著提升，评论区的互动活跃度大幅增加，文章的分享次数也显著上升。

7. 持续改进

读者反馈分析不是一次性的工作，而是一个持续改进的过程。就像厨师要不断尝试新的菜品和烹饪方法一样，我们也要根据读者的反馈不断调整 AI 写作策略，优化内容质量，才能做出更受欢迎的"内容大餐"。

记住，读者的反馈是无价之宝，它能帮助我们更好地理解读者，提升内容质量，最终实现 AI 写作的价值。就像一位智者所说："倾听读者的声音，才能写出真正打动人心的作品。"所以，让我们认真倾听，用心分析，用 AI 创造更美好的内容世界！

"读者的每一声反馈，都是内容创作道路上的明灯，照亮前行的方向。"

专家点评总结

朋友们，咱们一路过关斩将，从 AI 写作的特点聊到实战案例，现在终于来到了专家点评环节！就像一场精彩的厨艺比赛，前面的环节展示了各位选手的精湛技艺，现在就等评委们给出专业的点评和打分了。

在前面的章节中，我们见识了 AI 写作在不同文体和行业中的应用，也看到了经过人工干预后，AI 生成内容的惊人蜕变。现在，让我们邀请几位重量级专家，从不同角度来总结一下 AI 写作的优化效果，以及它对未来内容创作的影响。

专家一：资深媒体人老王。

"我做了二十多年的媒体工作，见证了内容创作的变迁。以前，我们写一篇稿子要查阅大量资料，耗费大量的时间和精力。现在有了 AI 写作工具，就像拥有了一个超级助手，可以快速生成初稿，大大提高了工作效率。当然，AI 生成的稿件还不能完全替代人工写作，需要我们进行润色和修改，特别是加入一些个人的观点和情感，才能让文章更具感染力。就像一个毛坯房，需要我们进行精装修，才能变成一个温馨的家。"

老王的话，道出了很多内容创作者的心声。AI 写作工具就像一个强大的"素材库"和"初稿生成器"，可以帮助我们节省大量的时间和精力，但最终的"灵魂注入"还需要依靠人类的智慧和创造力。

专家二：畅销书作家小李。

"作为一个作家，我一开始对 AI 写作是比较抵触的，觉得它会取代人类。但后来我发现，AI 写作其实是一个很好的辅助工具，可以帮助我们克服创作瓶颈，激发创作灵感。例如，当我遇到情节卡壳时，我会用 AI 生成一些不同的情节走向，从中选择一些合适的进行修改和完善。这就像一个创意的'点火器'，可以帮助我点燃创作的火花。"

小李的观点让我们看到了 AI 写作的另一种可能性——它不仅仅是一个

"写作工具",更是一个"创意伙伴",可以帮助我们拓展思路,激发灵感。

专家三:互联网技术专家老张。

"从技术的角度来看,AI写作的发展速度非常惊人。如今的AI模型已经能够理解复杂的语义,并生成流畅自然的文本。未来,随着技术的不断进步,AI写作的能力将会越来越强,甚至可以创作出具有高度艺术性的作品。当然,这并不意味着AI会完全取代人类的创作,而是会成为人类创作的得力助手,帮助我们更好地表达思想,传播知识。"

老张的分析让我们对AI写作的未来充满了期待。AI技术的发展,将为内容创作带来无限可能。

专家四:教育专家老刘。

"AI写作的出现,对教育行业也产生了深远的影响。它可以帮助学生提高写作效率,提升写作水平。例如,学生可以用AI生成作文的初稿,然后在老师的指导下进行修改和完善。这不仅可以减轻学生的写作负担,还可以培养学生的批判性思维和创造性思维。"

老刘的观点让我们看到了AI写作在教育领域的巨大潜力。AI写作可以成为学生学习的"好帮手",帮助他们更好地掌握写作技能。

总而言之,专家们的点评让我们对AI写作有了更全面、更深入的理解。AI写作不是要取代人类的创作,而是要成为人类创作的"好帮手""好伙伴",帮助我们更好地表达思想,传播知识,创造价值。

"AI写作的未来,不是取代人类,而是赋能人类,让每个人都拥有创造的魔力。"

后记：AI时代的内容创作者

呼！终于写完了，感觉就像跑完了一场马拉松，既兴奋又有点疲惫。

当我写完这本书的最后一个字时，窗外的夕阳正好洒进书房，为我的键盘镀上一层金色的光芒。这让我不禁想起了自己第一次接触AI写作工具的情景：既充满好奇，又带着一丝忐忑。那时候，我一直在问自己一个问题："AI会取代人类写作者吗？"

现在，我可以坦然地说：AI不是终结者，而是创作者的得力助手。就像照相机没有取代画家，而是为艺术创作开辟了新的表现形式一样，AI写作工具正在重新定义内容创作的边界。

记得有一次，我在创作者社群里遇到一位老作家，他说："年轻人，你们这一代真幸福，写作有AI帮忙。我们那时候写稿子，得一个字一个字地斟酌，查资料还要翻厚重的书籍。"是啊，技术的进步确实让创作变得更加便捷，但这并不意味着创作者的价值被削弱了。恰恰相反，在AI时代，优秀的创作者比以往任何时候都更加珍贵。

为什么这么说？因为AI再强大，也无法真正理解人性的温度。它可以模仿语言，但无法体会生活的酸甜苦辣；它能分析数据，却难以感受人心的跳动。正是创作者的独特视角、真实情感和生活体验，让AI生成的内容变得鲜活而有温度。

在写这本书的过程中，我接触了很多内容创作者。有经验丰富的资深作家，有朝气蓬勃的新媒体人，还有刚起步的写作爱好者。他们都在积极拥抱AI技术，但并没有被技术所束缚。相反，他们把AI当作创作的"第二大脑"，让它处理重复性的工作，而自己则专注于创意构思和情感表达。

后记：AI时代的内容创作者

有读者问我："在 AI 时代，内容创作者最需要具备什么能力？"我的答案是：保持开放和学习的心态。技术在飞速发展，但人性的核心需求始终没有改变。优秀的创作者应该既能熟练运用 AI 工具，又能保持自己的创作初心。

展望未来，我相信 AI 写作工具会变得更加智能和易用，但它永远不会替代人类创作者的地位。因为真正打动人心的内容，永远需要来自创作者的思考、情感和创意。正如一位资深编辑所说："好的内容就像一杯香醇的咖啡，AI 可以帮你磨豆子、控制水温，然而，唯有深谙咖啡之道的咖啡师，方能调配出那份独一无二的绝妙风味。"

作为一名内容创作者，我们正生活在一个充满机遇的时代。AI 技术为我们提供了前所未有的创作可能，但如何用好这些工具，如何在技术与人性之间找到平衡，需要我们不断探索和实践。

写到这里，我想对所有内容创作者说：拥抱技术，但不要迷失自我；善用工具，但要守住创作的本心。在这个 AI 与人类智慧共舞的时代，让我们一起创造更多精彩的内容，传递更多温暖的故事。

最后，送给所有内容创作者一句话：

"在 AI 的时代，创意与技术并肩，情感与效率共舞，唯有不断创新，才能在内容的海洋中乘风破浪！"

反侵权盗版声明

电子工业出版社依法对本作品享有专有出版权。任何未经权利人书面许可，复制、销售或通过信息网络传播本作品的行为；歪曲、篡改、剽窃本作品的行为，均违反《中华人民共和国著作权法》，其行为人应承担相应的民事责任和行政责任，构成犯罪的，将被依法追究刑事责任。

为了维护市场秩序，保护权利人的合法权益，我社将依法查处和打击侵权盗版的单位和个人。欢迎社会各界人士积极举报侵权盗版行为，本社将奖励举报有功人员，并保证举报人的信息不被泄露。

举报电话：（010）88254396；（010）88258888
传　　真：（010）88254397
E-mail：　dbqq@phei.com.cn
通信地址：北京市万寿路 173 信箱
　　　　　电子工业出版社总编办公室
邮　　编：100036